Edition Rabe und Coyote

Schelmenhandbuch

Martha Carli

Schelmenhandbuch

Kleines Kompendium für Trost und Widerstand

Edition Rabe und Coyote

MMXXII

Die Schelmenrepublik

Martha Carli ist die Gründerin der Schelmenrepublik. Sie ist Autorin mehrerer Bücher zum Schelmenwesen. Außerdem schreibt sie Kriminalgeschichten und -romane. Sie lebt und arbeitet in der Schelmenrepublik.
Schelmenrepublik ist übrigens ein anderes Wort für Wirklichkeit.

Die Anmeldung zum kostenlosen Schelmen-Newsletter ist zwar nicht zwingend vorgeschrieben. Sie wird aber dringend empfohlen.

post@marthacarli.com
https://marthacarli.com

Vorwort

Das Land war in Gefahr, und Yossarian setzte das traditionelle Recht auf Freiheit und Unabhängigkeit aufs Spiel, in dem er von diesem Recht Gebrauch machte.
Joseph Heller, Catch 22

So geht es nicht weiter. Sagen alle. Nichts stimmt mehr. Die Nachrichten stammen aus einem fremden Land, das Schiff ist aus Pappe, das Meer aus Plastikfolien. Alles dreht sich im Kreise und versinkt immer schneller in einem Strudel nihilistischer Raserei. Die Mäuse fressen die Katzen, die Gans steckt den Koch in den Topf, die Kinder verprügeln ihre Eltern, der Hase schnappt sich den Jäger, der Wagen zieht das Pferd, die Fische angeln den Fischer und fliegen durch die Lüfte, der Ochse schlachtet den Metzger, der arme Mann gibt dem Reichen Almosen, die Staatsfeinde sitzen in der Regierung und verbreiten Chaos.

Aber nein, es ist keine verkehrte Welt, es ist eine gefälschte Welt.

Es ist die Zeit der Schelme.

Wer also in der heutigen Welt ein gelingendes Leben führen will, sollte ein Schelm werden. Alles andere führt in die Irre oder in die Fänge unseriöser Gebrauchtwertehändler und sinsistrer Möchtegern-Weltenlenker. Wer sich auf dem Boden der Vernunft bewegen und seinen Verstand behalten will, sollte ein Schelm werden.

Die Schelmerei ist keine Ausbildung zur Possenreißerei. Sie ist ein Beruf für gut trainierte Gemüter, versiert in Trost und Widerstand. Sie ist eine Entscheidung gegen die Angst und gegen die Lust an der Dystopie.

Die Schelmerei ist eine Entscheidung für das Leben und die Lebenskunst, das Sitzen zwischen den Stühlen und die menschenfreundliche Anarchie.

Wir ziehen nicht mit fliegenden Fahnen in die Schlacht. Wir brillieren in der Kunst der eleganten Subversion.

Die neuen Wege führen zwischen alle Stühle und auf die Wilde Jagd, auf dünnes Eis und in groben Unfug. Vor allem aber führen sie hinaus aus dem Spiegelkabinett der vermeintlichen Selbstverständlichkeiten und hinaus aus dem „Gehäuse der Hörigkeit" (Max Weber), in dem die Bösewichte uns gefangenhalten wollen – als ewige Deppen in einem banalen und nur noch um sich selbst kreisenden Firlefanzuniversum.

Viele sind im Herzen längst Schelme, sie wissen es nur nicht. Ein Schelm zu sein, heißt, das Menschenmögliche zu tun – als Mensch unter Menschen. Eine abstrakte Moral, die nur dazu erfunden wurde, dass Menschen ihr Leben lang an ihr scheitern, weisen wir entschieden zurück.

Das bescheidene Ziel dieses kleinen Kompendiums (es gibt auch ein großes) ist es, kleine Handreichungen zu geben und Vorschläge zu machen, Dinge zu tun, die man noch nicht tat oder Gedanken zu denken, die einem noch nicht in den Sinn kamen. Das kleine Handbuch ist kein Ratgeber, vielmehr möchte es ein wenig Trost spenden, Zuversicht verbreiten und Denkanstöße geben. Einiges ist Hintergrund und ein wenig Aufklärung darüber, wie wir in die Bredouille geraten sind. Etliche Stücke enthalten praktische Hinweise, manche sogar kleine Übungen.

Manche Hinweise scheinen auf den ersten Blick womöglich nicht so ganz ernst gemeint zu sein. Lässt man sie aber ein wenig wirken, denken sie sich in der Regel selbst zu Ende und zeigen ihr wahres Gesicht. Keine Sorge. Das ist nicht viel Arbeit, denn viele gute Gedanken, Ideen und Auswege formieren sich oft ohne unser bewusstes Zutun, wenn der Impuls nur einmal gesetzt ist.

Betrachtet die Hinweise also als Impulse, die nicht durchgewalkt, analysiert und strenger Exegese unterworfen werden wollen. Wie echte Schelme wollen sie ihr eigenes Ding machen, und wenn sie fertig sind, treten sie vor Euch hin und sagen: Da bin ich.
Also: Habt ein wenig Geduld und haltet Euch bereit. Der Geistesblitz kommt manchmal ziemlich plötzlich.

Falls Ihr eine Vorstellung davon bekommen wollt, was es mit den Schelmen insgesamt auf sich hat, empfehle ich Euch die Lektüre der hier folgenden „Ansichten eines Schelms", bevor es danach mit dem Handbuch losgeht. Sie stammen aus dem Großen Kompendium für Trost und Widerstand. Es heißt wie das Land, in dem die Schelme leben
„Die Schelmenrepublik".
Mehr dazu am Schluss des Handbuchs.

Ansichten eines Schelms

Um es gleich vorweg zu sagen: Ich finde es unverschämt, immer wieder als „mythischer Held" bezeichnet zu werden. Ja, unverschämt, und es ist mir egal, wie Ihr meinen Ton findet … Mit Helden will ich nichts zu tun haben, weder mythisch noch sonstwie.

Vor allem die jugendlichen und die tragischen Helden finde ich albern. Deshalb imitiere ich sie so gern. Ihr lacht. Täuscht Euch nicht, wenn Ihr über den Quixote lacht, der die albernen Ritter imitiert. Über wen lacht Ihr am Ende wirklich? Ihr bemerkt es meistens erst ein bisschen später. Aber das macht nichts. Überlegt einmal. Könnt Ihr noch einen Ritter sehen, ohne dass der Quixote sich davorschiebt? Hauptsache, Ihr habt eines begriffen: Über Schelme muss man sich nicht lustig machen, über Helden schon.

Nachdem das nun geklärt ist, höre ich auch schon auf zu maulen.

Was ein Schelm ist, wollt Ihr wissen? Na gut. Ein Schelm ist Sommer und Winter gleichzeitig, ist der Coyote als Rabe, der Pfaffe als Esel – oder war es umgekehrt? Vermenger von Lüge und Wahrheit, Herr der Tiere, Idiot, Picaro, Possenreißer und was nicht gar. Ich komme dazu.

Ich, der Schelm, bin lebensdienlich, bringe Zivilisation, Feuer, Ackerbau, Näharbeiten, Erkenntnis, Klugheit, Butterbrote und was man sonst so braucht. Wenn ich die Welt erschaffe, tue ich das nach dem Zufallsprinzip, immer mit Weile und in ständiger Abstimmung mit allen natürlichen Existenzen – nicht mit einem Fingerschnippen vom Himmel herab. Die Methode Versuch und Irrtum habe ich den Menschen abgeschaut, die in Wahrheit auch keine Freunde von Systematik und starren Plänen sind.

Wenn ich in Eurer Nähe bin (und Ihr noch nicht so gut seid im Schelmensehen) müsst Ihr immer mit allem rechnen. Es kann sein, dass ich Euch nach Strich und Faden betuppe. Ich bin der Bürokrat, der die Akten verlegt, der Pfaffe, der den Esel in die Kirche führt, der Minister, der das Licht in Eimern ins Haus trägt. Ich spotte Eurer Götter und Eurer Gewissheiten und ich schreibe Eure Zeitungen mit Lügengeschichten voll.

Und glaubt mir: Kein Tabu ist mir je zu heilig, keine Bananenschale je zu deplatziert. Die Anti-Tabu- und Bananenschalenmethode eignet sich übrigens besonders gut für moralisch Hochbegabte, notorische Rechthaber und Eindeutigkeitsliebhaber. Sie rutschen häufiger aus als andere.

Allerdings brauchen sie meistens gar keine schlüpfrige Bananenschale, um auszurutschen – was mir durchaus recht ist. Es spart Arbeit.

Ihr wollt jetzt endlich Klarheit? Wer entscheidet, was das ist? Ich sitze zwischen allen Stühlen und wechsele Form und Inhalt, so oft ich will.

Das Eine ist das Böse, sagen meine Freunde, die Sioux. Ich erschaffe die Welt und zerschrote Eure Häuser und nehme Euch Eure liebsten Überzeugungen. Da habt Ihr Eure Klarheit. Ihr seid ja nur verärgert, weil Ihr mich nicht sehen könnt, ich Euch aber schon. Aber keine Sorge. Ich liebe Euch alle.

Eure Häuser? Ich hätte Eure Häuser zerstört? Und ich hätte gesagt, ich liebte Euch alle? Wie käme ich denn dazu? Euren Häusern ist nichts passiert. Das war nur ein Witz, und Ihr habt ihn geglaubt, weil Ihr so wild darauf seid, dass man Euch bestraft für Dinge, die Ihr überhaupt nicht getan habt, ihr frommen Untertanen.

Ich, der Schelm, bin ein heiliges Wesen, Schöpfer und Witzbold, das Gegenteil meiner selbst, Krähe, Schwindler, heute Rabe, morgen Pfaffe, Clown, Narr, Simplicissimus, Lazarillo, Spaßmacher, Kulturheros, Monster, Geist, Coyote, Fuchs, Hase, Kaninchen, Betrüger, Formwandler, Grenzgänger, Moralverächter, Vermenger von Lüge und Wahrheit, Tabubrecher, Blasphemiker, Ketzer, Tänzer, Sänger, Brüller, Götterbote, Vielfraß, Wilde Frau – kein anmaßender Gott, der aus purer Angeberei Leute quält, so wie einer den armen Hiob gequält hat. Hiob hatte gar nichts falsch gemacht. Er war nichts weiter als ein Versuchskaninchen in einem bösartigen Duldungs- und Gehorsamkeitskult. Seine Freunde ließen ihn im Stich, um einem abstrakten Wesen zu dienen, das ihnen wichtiger war als der notleidende Freund.

Nein, so ein Wesen bin ich nicht. Ich spiele Euch Streiche, damit Ihr nicht träge werdet, ich halte Euch den Spiegel vor, aber ich habe kein Interesse daran, Euch zu quälen, um anzugeben, kein Interesse daran, Euch auseinanderzubringen und Euch dann auch noch ins Schlafzimmer zu gucken.

Bei den Winnebago habe ich einmal einen Wasserfall an eine andere Stelle gerückt, damit die Menschen es bequemer hätten. Ich schickte Ihnen keine Sintflut als Strafe für ihre Sünden. Welche sollten das sein? Wollte ich jedesmal Leute strafen, weil sie angeblich sündigen, käme ich aus dem Wasserschleppen gar nicht mehr heraus. Und was für eine Verschwendung natürlicher Ressourcen.

Sprach ich schon von Zivilisation?

Ich weiß noch, wie ich einmal – ich war als Coyote unterwegs – einen alten Schädel fand. Das war vor der Zeit, als fromme Christenmenschen und Eisenbahnaktionäre den „Wilden" die Abstraktion, den Doppelwhopper, das Gesangbuch und die Erfindung der Virtual Reality brachten, also dieses Leben im Jenseits als Belohnung für ihre Leiden.

Ich glaube, der Schädel stammte von einem Rothirsch. Ich sah hinein und entdeckte ein Ameisendorf, in dem gerade einen Sonnentanz aufgeführt wurde. Das sah so schön und manierlich aus, dass ich gern mehr sehen wollte. Also machte ich mich klein, um in den Schädel hineinkriechen und besser sehen zu können. Doch irgendetwas hatte nicht funktioniert. Plötzlich hatte ich wieder meine normale Coyotengröße, und mein Kopf steckte in dem Schädel fest.

Da hatte ich eine Idee. Ich wanderte zu einem Dorf und verkündete den Bewohnern: „Ich bin heilig. Ich habe übernatürliche Kräfte. Ihr müsst mir Tribut zollen!" Die ehrfürchtig erschrockenen Dorfbewohner defilierten in einer Prozession an mir vorbei, bestrichen mich mit Pollen als Zeichen des Segens. Aber der letzte in der Reihe war ein schlauer Bursche, der hinter seinem Rücken einen Stock verbarg. Als er mich erreichte, schlug er damit auf den Hirschschädel ein, bis er zerbrach und herunterfiel.

„Das hättet ihr schon längst tun sollen", rief ich ihnen zu. „Aber was wolltet Ihr? Ihr wolltet ja lieber eine übernatürliche Macht anbeten ..."

Das war bei den Apachen. Aber ich bin überall auf der Welt zuhause. Wirklich überall. Im Unterschied zum Helden übrigens, denn, anders als der Held, komme ich ohne Ideologie, abstrakte Ideale oder metaphysische Systeme aus. Aber ich will nicht wieder davon anfangen.

Die Menschen sind nirgends scharf auf rachsüchtige Götter, die willkürlich herrschen und Schaden anrichten, nur weil sie's können. Wirklich nirgends. Sie regeln ihre Angelegenheiten stets selbst, mal mehr, mal weniger friedlich. Meistens friedlich. Einen obersten Moral- und Prinzipiengeber brauchen sie nicht und haben sie nie gebraucht. „Moralische" Widersprüche gehören zum Leben und lassen sich oft nicht in Gut und Böse trennen. Menschen halten das aus, und sie handeln es aus. Sie haben konkrete Probleme und finden konkrete Lösungen. Der Obrigkeit das letzte Hemd zu geben für einen Stehplatz im Jenseits, gehört nicht dazu. (Ja, ich weiß, es gibt Gegenden in der gefälschten Welt, in der zu viel Prinzipienmoral, zu viel Gehorsamslust und zu viele Pfaffen und Eisenbahnaktionäre die Menschen schlimm deformiert haben. Wer weiß, ob sie noch zu retten sind. Aber das soll nicht meine Sorge sein.)

Ich erzähle lieber noch eine Geschichte. Manche Schamanen sind geschickte Bauchredner. So machen sie den Leuten vor, der Raum sei voller Geister. Die Priester brauchen solche Tricks nicht mehr. Sie behaupten einfach die Anwesenheit der Geister, und wehe, jemand zweifelt daran. Der nächste Scheiterhaufen ist nicht weit, und auf einmal ist kein Schelm mehr da, der sich über Schamanen, Priester und andere Obrigkeiten lustig macht.

Nun, ich tat es einmal und imitierte mit Bauchrednerei einen Schamanen, um der Großmutter vorzugaukeln, ich hätte viele Gäste. In Wahrheit wollte ich einfach nur alles allein aufessen. Oh, wie unmoralisch! Schon vergessen? Über wen lacht Ihr, wenn Ihr über mich lacht, wenn ich den Helden imitiere? Schamanen und Priester singen Euch vom Jenseits. Ich helfe Euch, Eure Probleme im Diesseits zu lösen.

Bibeln, Eisenbahnaktien und die Halluzinationen des Teufels

Man setzt mir zu. Mit Bibeln und Eisenbahnaktien, glühenden Eisen, Diffamierung, Denunziation und jeder Menge Feuer. Jedes Mal, wenn die Agenturen für Eindeutigkeit erscheinen, wird es ungemütlich für mich. Brutal sogar. Die Kirchen und die Magistrate und ihre Freunde und Helferlein tun, was sie können bis zur Selbstlosigkeit – müssen sie doch bei der Bekämpfung der Schelmerei und ihrer Freunde immer wieder von ihren hehrsten Grundsätzen absehen.

Diese Grundsätze verbieten es den frommen Prälaten und moralisch Hochbegabten zwar, Mord und Totschlag, Diffamierung und Denunziation, Brandschatzung und Konfiszierung einzusetzen, um ihre Ziele zu erreichen. Aber dem wilden Treiben der Volkskulturen mit tausend Sprachen und noch mehr Verkleidungen bei unzähligen Festen und Karnevalsumzügen muss Einhalt geboten werden, um die öffentliche Ordnung aufrecht zu erhalten. Die Einheit im Geiste muss gesichert sein. Das Lachen muss zum Verschwinden gebracht werden. Ihre höchsten Götter lachen auch nicht, erklären sie. Alles andere sei Aberglauben und Halluzination und des Teufels, das Böse schlechthin, das vom Guten mit immerwährender Verkündigung der einen Wahrheit, mit eiserner Faust, mit Feuer und mit dem Zehnten bekämpft werden müsse.

Sie denken, sie wären uns damit los. Sie vergessen aber – oder sie haben es nie gewusst – , dass das Leben immer widersprüchlich, unübersichtlich, unvorhersehbar, unzählbar und unmessbar ist – und dass wir diejenigen sind, die sich darin auskennen, die die dadaistische Energie des Lebens nutzen und daraus Zivilisation machen können – und dass sie es nicht können.

Wir sind die lachenden Dritten, die sich über die Schädelstätten der Dichotomien und Dualismen erheben, zuhause im unendlichen Universum dazwischen, darunter und darüber.

Und während sie ihre lachhaften Heldendramen mit all ihrem pastoralen Kitsch aufführen, spielen wir die Komödie des Lebens, in der alle die pathetischen großen Gefühle und der institutionalisierte Sinngebungszwang nichts verloren haben, es sei denn als Witz.

Als ehrbare Schelme helfen wir anderen, sich der gefälschten Welt zu entziehen und den Weg in die Wirklichkeit zu finden. Wir retten die Hexen vor der Inquisition – und damit vor dem sicheren Tod.

Lügengeschichten schreiben

Blitz / Feuer / Schwefel / Donner / Salpeter / Bley und etliche viel
Millionen Tonnen Pulver sind nicht so mächtig / als die wenigste
reflexion, die ich mir über die reverberation meines Unglücks
mache. Der grosse Chach Sesi von Persen erzittert / wenn ich auff
die Erden trete. Der Türckische Kaiser hat mir etlich mahl durch
Gesandten eine Offerte von seiner Kron gethan. Der weitberühmte
Mogul schätzt seine retrenchemente nicht sicher für mir. Africa
hab ich vorlängst meinen Cameraden zur Beute gegeben. Die
Printzen in Europa, die etwas mehr courtese halten Freundschafft
mit mir / mehr aus Furcht / als wahrer affection. Und der kleine
verleckerte Bernhäuter der Rappschnabel / Ce bugre, Ce larron, Ce
menteur, Ce fils de Putain, Ce traistre, ce faqvin, ce brutal, Ce
bourreau, Ce Cupido, darff sich unterstehen seine Schuch an
meinen Lorberkräntzen abzuwischen!
Andreas Gryphius, Horribilicribrifax Teutsch

Eine Lügengeschichte ist gelogen. Eine gute Lügengeschichte
ist gut gelogen. Wobei das Verbot, Schuhe an Lorbeerkränzen

abzuwischen, durchaus keine Erfindung ist. Das heißt, eine gute Lügengeschichte arbeitet mit Wahrscheinlichkeiten. Ich gehe als Schelm (Schelmin ist ein weiblicher Schelm und ein chemisches Element) auf Reisen und springe mit meinem Pferd durch eine fahrende Kutsche … nein, von vorn.

Es sollten Wahrscheinlichkeiten sein, nicht Münchhausen, der angeblich seine Axt mittels Bohnenranke vom Mond zurückholte, wohin er sie geworfen hatte. Einem Hirschen eine Ladung Kirschkerne auf den Kopf zu schießen, woraufhin dessen Geweih ein Baum entsprießt, ist hingegen sehr wahrscheinlich und ein feines Beispiel für nachhaltige Landwirtschaft. Vollends im Reich der Tatsachen sind wir angekommen, wenn das Stichwort „Kanonenkugel" fällt. Der lang unterschätzte und böswillig falsch dargestellte Ritt auf der Kanonenkugel gehört zu den Glanzleistungen intelligenter Logistik und ist ein Produkt der Bundesagentur für Sprunginnovationen, die seit drei Jahren tätig ist und derzeit an einer neuen Trampolinverordnung arbeitet.

Zum Handwerk: Wie schreibt man eine Lügengeschichte?

Nun, da gibt es verschiedene Möglichkeiten. Wie wäre es mit einer formvollendeten Nachricht? Das Gute daran ist das zu erzielende hohe Maß an Glaubwürdigkeit, wenn man nur die Form einhält. Wie in der klassischen Nachricht beantworten wir im ersten Satz die berühmten W-Fragen. (Eine neue Arbeitsgruppe der staatlichen Kulturbeauftragten (oder ähnlich) prüft derzeit die Diversity-Tauglichkeit der Fragen.

Schließlich könne es nicht angehen, dass alle Fragen mit W begönnen.) Aber solange wir noch dürfen ...

WER? WAS? WANN? WO?

In den letzten Tagen des Februar 20xx kam es auf der viel befahrenen Bahnstrecke Berlin – Westerland zu tagelangen Verspätungen.

Die Textsorte Nachricht ist schon im ersten Satz deutlich zu erkennen. Die wesentlichen Informationen sind klar auf den Punkt gebracht. Und schon ist es Zeit für die nächsten W-Fragen:

WARUM? WIE? WELCHE QUELLE? etc.

Grund war eine neue Verordnung aus dem Bundeswerteverwertungsministerium, die Folgendes besagt: Wenn sich zwei Züge auf der gleichen Schiene treffen, darf keiner von beiden weiterfahren, bevor nicht der andere passiert hat. Örtliche Hilfskräfte der betroffenen Gemeinden versorgten die Fahrgäste mit dem Nötigsten. Der Verfassungsschutz rückte mit schwerem Gerät an, notfalls bereit, die Schienen zu räumen, falls es sich um eine illegale Aktion unzufriedener Gleisbauarbeiter oder notorischer Staatsfeinde handele. Wie ein Sprecher des ...

Voilà, unsere Nachricht – versucht es!

Der Trick ist ganz einfach. Es spielt es keine Rolle, ob die Nachricht „wahr" ist. Es ist vielmehr wichtig, dass der Text konsistent ist, das heißt, dass alle Textteile sinnvoll aufeinander bezogen sind. Dann glaubt man Euch den größten Mist schneller, als Ihr gucken könnt ...

Nutzt Euer neues Wissen, liebe Schelmenfreunde und schreibt, was das Zeug hält. Die besten Einsendungen werden ins Schelmenmagazin übernommen.

Ich könnte jetzt natürlich darauf hinwiesen, als Vorbilder für Lügen und Lügengeschichten Politiker und Amtsträger herzunehmen. Aber nein! Schelme lügen nicht, um anderen Schaden zuzufügen. Es geht immer nur darum, den Blick für das unausgegorene Verhältnis zwischen Wahrheit und Lüge zu schärfen und das Tränental des Entweder-Oder zu verlassen. Falls Euch übrigens einmal jemand beim Lügen erwischt, kontert gut gelaunt mit dem ziemlich berühmten Physiker Heinz von Foerster: „Wahrheit ist die Erfindung eines Lügners."

Jetzt etwas für die Ehrgeizigen

Oder für diejenigen, die vorhaben, der Gesellschaft der schreibenden Außenseiter beizutreten.

Schreibt Euch selbst in eine kurze Geschichte hinein: Mein Tag als Schelm. Schreibt Euch aus der eigenen Haut heraus. Es hat spektakuläre Effekte und lehrt das Denken in Alternativen.

Zur Vorbereitung

Lügt einen ganzen Tag lang. Noch einmal: Es geht nicht darum, anderen Schaden zuzufügen. Es geht darum, den Rahmen des eigenen Denkens zu erweitern.
Präsentiert Euch Fremden gegenüber als eine völlig andere Person, mit anderem Namen, anderer Herkunft, anderem Beruf. Auch hier sind der Fantasie keine Grenzen gesetzt.

Eine Figur zu erschaffen, ist ein Abenteuer, und es dauert nicht lang, bis die Figur lebendig wird und das Gespräch mit Euch sucht. Weicht nicht aus. Wenn Ihr genug geübt habt, Euren Lieben die schönsten Lügengeschichten zu erzählen und Ihr Euch Fremden gegenüber als ein anderer ausgebt, könnt Ihr ans Schreiben gehen. Da gibt es verschiedene Möglichkeiten. (s.a. „Glauben Sie ja nicht, wer ich bin.")

Ihr kennt das Dr. Watson-Prinzip: Texte oder eine Sammlung von Texten werden einer erfundenen Person zugeschrieben. So wie Arthur Conan Doyle seinen Watson hatte, hatte E.T.A. Hoffmann seinen Kater Murr, der uns seine „Ansichten" hinterließ. Der irische Schriftsteller Flann O'Brien schuf eine ziemlich verwickelte Version dieser Methode in seinem außergewöhnlichen Werk „In Schwimmen Zwei Vögel" (orig. At Swim-Two-Birds).

Viele Schelmenromane sind Reiseberichte voller herrlicher Lügengeschichten. Nehmt Sie Euch zum Vorbild. Wie wäre es für den Anfang mit dem Horribilicribrifax Teutsch von

Andreas Gryphius, den es ganz umsonst in öffentlich zugänglichen Online-Sammlungen gibt. Es muss ja nicht immer der Quixote sein …

So könnte Eure (Lügen-)Geschichte beginnen:
„Ein Tag im Leben des Schelms XY. – Eine wahrhaftige Geschichte von Abenteuern, lustigen Begebenheiten und wie ich einmal einen Globus verschenkte.“

Literatur
Andreas Gryphius
Horribilicribrifax Teutsch (Der schreckliche Siebmacher)
o.O. 1663

Arthur Conan Doyle
Sherlock Holmes, unzählige Ausgaben

E.T.A. Hoffmann
Lebens-Ansichten des Katers Murr
Berlin, 1819/1821

Flann O’Brien
At-Swim-Two-Birds
London, 1939

Die Bundessprungagentur (Trampolinforschung) findet Ihr selbst.

Einen Globus verschenken

Wie eingangs bereits erwähnt, scheinen einige der Hinweise in diesem Handbuch auf den ersten Blick womöglich nicht so ganz ernst gemeint zu sein. Lässt man sie aber ein wenig wirken, denken sie sich in der Regel selbst zu Ende und zeigen ihr wahres Gesicht. Keine Sorge. Das ist nicht viel Arbeit. Viele gute Gedanken, Ideen und Auswege formieren sich oft ohne unser Zutun, wenn der Impuls nur einmal gesetzt ist. (Es ist übrigens die natürliche Arbeitsweise des Gehirns.)

Kennt Ihr die sättigende Wärme von Leuten, die Ihr zufällig auf der Straße trefft? Zeigt ihnen ein freundliches Gesicht. Sie lächeln automatisch, viele sind überrascht. Die meisten sind ansprechbar.

Denjeinigen, die Euch mit Argwohn begegnen, wenn Ihr freundlich seid, geht aus dem Weg. Ihr werdet sie schnell erkennen. Sie sind zumeist leger, aber teuer gekleidet und haben immer recht. Mit allem. Ihr erkennt sie an der Leuchtschrift auf ihrer Stirn, die das besagt. Ihr erkennt es auch an den Rauchwölkchen, die aus ihren Ohren aufsteigen, wenn sie eine kognitive Dissonanz erleiden. Das passiert zum Beispiel, weil sie einerseits für allumfassende Toleranz und Milde unter allen Menschen aller Weltgegenden plädieren, Euch aber andererseits auf der Straße mit Argwohn begegnen, nur weil Ihr sie anlächelt.

Verärgert rufen sie Euch zu: „Wir sind die Guten ..." Keine Sorge, sie sind harmlos und völlig unbedeutend, auch wenn sie ständig etwas anderes behaupten und das auch andauernd in der Zeitung schreiben. Sie sagen anderen ohne Unterlass, was sie denken, tun und wollen sollen. Meistens geht das schief, aber das bemerken sie nicht.

Aber warum tun sie das alles, werdet Ihr fragen. Ganz einfach. Sie tun das, weil sie sich selbst mit der Welt verwechseln.
Falls Ihr so jemanden trefft, schenkt ihm einen Globus. Den wird er sich dann statt seines Kopfes auf den Hals schrauben. Er wird Euch unendlich dankbar sein, denn Ihr habt ihm die

Welt geschenkt. Sich selbst mit der Welt zu verwechseln, ist nämlich auf Dauer verdammt anstrengend. Da wird jede Erleichterung gern genommen.

Hin und wieder gibt es Exemplare dieser Spezies, die Euch – zunehmend gereizt – permanent erklären, dass zwei und zwei fünf ist oder sieben … Denen schenkt einen Leuchtglobus.

Spazieren und Flanieren

Straßen sind die Wohnstätte der Gemeinschaft.
Walter Benjamin

Ein Wahnsystem hat unseren Geist vernebelt. Der „rasende Stillstand", den Paul Virilio schon 1997 erkannte, die gewalttätige Beschleunigung ist Taktgeber der Gesellschaften, die offenbar von sich selbst die Nase voll haben. Paul Virilio nennt diesen Zustand „Koma".

Schelme sind seit jeher ausgewiesene Feinde primitiver Effizienzdelirien, so genannter Zeit-Regime und derjenigen, die einen mit nicht gewünschten Küssen belästigen.

KISS (Keep it short and simple) hat als erklärter Feind echten Verstehens und bedächtiger Abwägung mehr Schaden angerichtet als verträglich ist. (Nichts gegen angemessene Kürze. Man muss es nur können.) Was hat das mit Spazieren und Flanieren zu tun? So ziemlich alles. Gut Ding will Weile haben, weiß der kluge Teil des Volksmunds. Das gilt besonders für das gehaltvolle Spazieren, das sich seine eigene Zeit nimmt und sich nicht vom hastenden Strom mitreißen lässt.

Gehen und Denken

Das Wort Spazieren kennen wir seit mehr als 500 Jahren. Es stammt vom italienischen *spaziare*, das wiederum aufs Lateinische *spatiari* zurückgeht: auf und ab spazieren. Das zugrundeliegende Substantiv ist spatium, Raum, Weite, Ausdehnung, zugleich Wegstrecke und Entfernung – oder der Abstand zwischen zwei Buchstaben.

Raum, Weite, Ausdehnung ist das natürliche Habitat aller Schelme. Sie wissen, dass die Enge der Kategorien und die Schädelstätten der Dichotomien und Dualismen, zwischen denen man sich gefälligst entscheiden soll, im widersprüchlichen, unübersichtlichen, unvorhersehbaren, unzählbaren und unmessbaren Leben nichts als lebensfeindlich und rundheraus dumm sind.

Beim Spazieren und Flanieren kann man hervorragend und in Ruhe über solche Dinge nachdenken, kann überlegen, wie das Leben sich anfühlen könnte für Euch lachende Dritte, die Ihr dem „Short" und dem „Simple" entronnen seid und einmal das bequeme Sitzen zwischen den Stühlen ausprobiert habt – vorausgesetzt, Ihr lasst Euer Telefon zuhause.

Wir denken übrigens besser, wenn wir gehen, und die Orientierung im physischen Raum fördert die Fähigkeit, Konzepte zu begreifen. Der irische Neurowissenschaftler Shane O'Mara weiß, dass unsere Denkfähigkeit durch nichts besser freigelassen wird als durch regelmäßiges Gehen. Also, so empfiehlt er, tauscht das Muckibudendress gegen ein paar gute Schuhe aus und geht. Und lasst Euch Zeit dabei.

Zum Denken muss man Zeit haben. Leute, die nicht gern denken, zählen. In kompilatorischen „Denk"-Stilen, in denen Analyse und echtes Denken keine große Rolle spielen, wird in tumben Massenverfahren gemessen und gezählt. Und weil wir der „Zeit" numerische Werte zuordnen, sie also zählen, können wir zu der – irrigen – Meinung gelangen, wir könnten Zeit managen, kontrollieren, verbrauchen, verschwenden, sparen, als sei sie gezähltes Stück für gezähltes Stück etwas Reales.

Spazieren und Flanieren sind langsame, aufmerksame Künste. Und wer immer noch Gewissensprobleme hat, dem sei der große Larousse in seinem berühmten Wörterbuch emp-fohlen.

„La plupart des hommes de génie ont été de grands flâneurs."

Alle großen Genies waren große Flaneure. Wer nun meint, Schelme seien womöglich auch alle Genies ... nun ja, denkt was Ihr wollt.

> Flanieren geht auf ein altes nordisches Verb zurück:
> flana, ohne Ziel und Zweck herumlaufen.

Viele von Euch haben gelernt, dass Spazieren und Flanieren, Lesen, Schreiben, Muße pflegen, gar Müßiggang wagen, Gespräche führen – zivilisierte Tätigkeiten mithin – unter Generalverdacht stehen, dem „Herrgott den Tag zu stehlen". Schon sind wir bei den unheiligen Helfern der unmenschlichen Zeitregime (und bei den erklärten und vielfach schuldigen Schelmenfeinden). Da Menschen nicht von Natur aus in Eile sind, gern herumhängen und spazieren und auch bis zur gewaltsamen Inkraftsetzung „moderner" Arbeitsregime nicht mehr arbeiteten, als sie zum Leben brauchten, musste man sie zum einen mit Gewalt und Hunger zur Arbeit zwingen (nachdem diejenigen, die heute noch reich sind, Bauern und Handwerkern die Lebensgrundlage entzogen hatten). Zum anderen musste man ihnen ein schlechtes Gewissen einreden, wenn sie dem Herrgott und seinem modernen Stellvertreter auf Erden, dem Unternehmer, seine Zeit stahlen. Die Arbeit sollte – außer Profit zu erwirtschaften - vor allem eines: disziplinieren. Ohne ihre religiös-moralische Aufladung und die tätige Mithilfe der Kirchen hätte man das niemals so erfolgreich durchsetzen können. (s.a. „Weniger arbeiten")

Lebensrhythmen

Der englische Dichter William Wordsworth (1770 bis 1850), komponierte seine Gedichte gern beim Spazieren und Flanieren. Der Rhythmus des Gehens korrespondiert mit dem Rhythmus der Sprache wie mit allen anderen Lebensrhythmen, was Wordsworth wahrscheinlich mehr ahnte als wusste.

Als Flaneur geriet er ins Visier der Polizei und wurde eine verdächtige Person – weil er flanierte. Es war die Zeit des Frühkapitalismus. Ähnliches berichtet später auch Franz Hessel (1880 bis 1941) in seinem Buch „Spazieren in Berlin", worin er dem „Verdächtigen" ein ganzes Kapitel widmet.

Eigenzeit ist Schelmenzeit

In der Moderne hat der künstlich hochgetunte Takt den vernünftigen Rhythmus ersetzt. Ein armseliges kulturelles Konzept, wenn man's einmal zu Ende denkt, und nur durchzuhalten mit Zwangsregimen und immer häufiger auch mit atavistischen Gewaltmetaphern. „Die Schnellen fressen die Langsamen", meint der Weltwirtschaftsforumsgründer Klaus Schwab, der trotz bescheidener Erfolge (wenn man einmal genau hinsieht) neuerdings als eine Art James-Bond-Bösewicht und Möchtegern-Weltenlenker gehandelt wird. Er hält das große Fressen für eine Art Darwinismus, was selbstredend tiefstes 19. Jahrhundert ist (wie alles an Schwab). Aber was für ein Menschenbild.

Flaniert aus dem Zeitstrom heraus und schafft Eure eigene Zeit. Eigenzeit ist Schelmenzeit. Verlangsamt den Schritt, bleibt stehen und schaut. Macht Euch verdächtig. Nicht nur auf der Straße. Richtet Euch auf einen Perspektivwechsel ein, wenn Ihr aus Euren Seh- und Denkgewohnheiten heraustretet. Falls Ihr noch Scheu habt, Euch verdächtig zu machen, praktiziert eine Kunst, die in der Schelmerei zum Grundrepertoire gehört: Macht euch unsichtbar. Verkleidet euch. Man kommt näher heran an das, was man beobachten will. Man sieht noch besser, wenn man hinter den Kulissen bleibt.

„Es ist laut da draußen in der Welt. So viele Stimmen, Klänge und Melodien, die sich mit ‚Fakten' oder ‚Naturgesetzen' nicht zum Schweigen bringen lassen", weiß der französische Soziologe und Ehrenschelm Bruno Latour.

Schön früher gaben sich die „Agenturen für Eindeutigkeit" (Rolf Johannsmeier) große Mühe, die vielen Stimmen, Klänge und Melodien, die auf den großen Spaziergängen – in Umzügen und beim Karneval – laut wurden, zum Schweigen und das Lachen zum Verschwinden zu bringen. Mit glühenden Eisen, Diffamierung, Denunziation und jeder Menge Feuer, gegen Aberglauben und die Halluzinationen und das Teufelswerk.

Allein, es will ihnen nicht gelingen.

Geht so viel spazieren, wie ihr könnt. Bei jedem Wetter und bei jeder Gelegenheit. Geht allein oder mit Freunden – oder auch einmal mit Fremden. Besonders befreiend ist es, beim Gehen zu singen. Schelme sind überall auf der Welt zu Hause, und sie gehen meistens zu Fuß.

Literatur
Rolf Johannsmeier
Spielmann, Schalk und Scharlatan
Reinbek 1984

Bruno Latour
Die Hoffung der Pandora
Frankfurt a.M. 2002

Franz Hessel
Spazieren in Berlin
Berlin 1929

Shane O'Mara
Das Glück des Gehens. Was die Wissenschaft darüber weiß und warum es uns so guttut
Reinbek 2021

Die Gesellschaft der schreibenden Außenseiter

Warum Außenseiter?

Keine Zeit … kennt Ihr das?

(Möglich, dass wir das schon hatten. Dass manche Aspekte sich gelegentlich wiederholen, ist nicht zu vermeiden. Es sind in der Regel diejenigen Dinge, die maßgeblich zu den bedauernswerten Deformationen von Land und Leuten beitragen.)

Zurück zum Thema. Wer hat denn noch Zeit zu lesen, geschweige denn zu schreiben? Sagen in der Regel diejenigen, die jede Zeit der Welt haben, anderen stundenlang zu erzählen, wie wenig Zeit sie haben und schlimmer: wozu im Einzelnen sie alles keine Zeit haben.

„Die Chefs lesen ja nicht", erzählte mir einmal ein Chef. Die Folgen sind täglich zu besichtigen. Günter Oggers „Nieten in

Nadelstreifen" ist aktueller denn je. Doch, geschrieben wird auch dort, bei den Chefs. Die haben dafür Leute. Da wird die strategy final resynct. In tight getakteten actionables werden work load auf work load gestapelt und effiziente learnings generiert. Habt Ihr noch alle high priority actionables auf dem screen? Falls nicht, geht noch einmal kurz in den listening- bzw. reading mode ...

Was meine ich?

Für Schelme zählt das Schreiben zu den Lebenskünsten, und so behandeln wir es auch: mit Respekt und ein bisschen Ehrfurcht. Gut Ding will außerdem Weile haben – das gilt ganz besonders fürs Schreiben. Das gebietet allein schon der Respekt vor dem Gegenüber. Außenseiter ist heute jeder, der sich für wichtige Dinge die nötige Zeit nimmt, der differenziert, abwägt, die Frage vor die Antwort setzt und lange Sätze schreibt. Aber grämt Euch nicht. Vom ordentlichen Nachdenken und Schreiben wird man nicht dümmer und auch nicht unglücklicher.

Tatsächlich hat der Verzicht auf Lesen, Schreiben und intensives mündliches Erzählen verheerende Auswirkungen auf die kognitiven Fähigkeiten und die Ausbildung echter Empathie und Charakterstärke. Auf die Dauer leidet das Gemüt, vor allem, weil die Vertuschung von Inkompetenz und Versagen unglaublich viel Energie frisst. Lebensenergie.

Also fragen wir die Chefs und alle, die diese Chefs so gern kopieren:

Lesen und schreiben Sie noch oder verblöden sie schon? Sollten wir ihnen nicht die gründliche Lektüre der Folgen ihres Handelns ans Herz legen? Zusammen mit den möglichen Alternativen und Auswegen? Ob dann vielleicht eine alleinerziehende Mutter mit zwei oder drei Jobs wieder Zeit hat, mit ihren Kindern zu lesen und ihnen Geschichten zu erzählen?

Nun werden „Lebenskunst" und „Außenseiter" dem einen oder der anderen nach Eskapismus und Indifferenz klingen. Weit gefehlt! So sehr ich auch jeden ermutigen möchte, gelegentlich Ferien in der eigenen, selbst geschriebenen, Geschichte zu machen: Die Gesellschaft der schreibenden Außenseiter unterstützt keinerlei Ermutigung zur Weltflucht. Auch Schelme sind nicht aus der Welt. Wir leben und wirken mitten in der Welt, auch wenn viele Zeitgenossen uns nicht unbedingt erkennen. Die Schelmenrepublik ist überall.

Eskapismus?

Nein, Eskapismus betreiben Politiker und Möchtegern-Weltenlenker, die in der Absicht, uns ins Unglück zu stürzen, Fiktionen und Fantasiewelten für uns alle entwerfen, damit sie uns anschließend vor unserer eigenen Dummheit retten können (na ja, so sehen sie das, aber das wisst Ihr längst). Dann wundern sich (zunehmend gereizt), wenn die Figuren ihrer Fantasiewelt eigene Wege gehen und ihre eigenen Geschichten schreiben.

So wie Schelme in Wirken und Schreiben der Gesellschaft den Spiegel vorhalten (manchmal kommt die Erkenntnis ein bisschen später), ermutigen wir alle freundlichen Wesen, sich aus der Enge konventionellen Denkens und Fühlens herauszuschreiben, eine Stimme zu finden und derjenigen Artikulation fähig zu werden, die uns mit anderen verbindet, anstatt uns von ihnen zu trennen. Wir ermutigen alle, sich mit Schöpferlust ins Leben hineinzuschreiben, die unendliche Vielfalt ihrer eigenen Vorstellungskraft zu begrüßen und auch einmal ein Pferd sprechen zu lassen. Wir ermutigen alle, bislang ungekannte Möglichkeiten schreibend auszuschöpfen, den Horizont zu erweitern, Trost zu finden und Alternativen gedanklich einzuüben, statt nur zu konsumieren und sich vor lauter Ahnungslosigkeit über die Macht der Sprache kirre machen und manipulieren zu lassen.
Vielleicht entdeckt der eine oder die andere sogar den Weg des Schelms. Willkommen!

Wir unterstützen die schreibende Annäherung an die Wirklichkeit, egal in welchem Genre. Mit Begriffen wie „Objektivität" und „Sachlichkeit" gehen wir so respektvoll um, wie sie es verdienen – spielen sie uns doch nur allzu gern schlimme Streiche, wenn wir die Geheimnisse der Sprache nicht kennen. Lernen wir lieber ordentlich zu manipulieren und alle Spieße herumzudrehen.
„Die Poesie ist sicher. Die Geschichtsschreibung ist es nicht", wusste schon der einstige Hofhistoriograph eines bayerischen Kurfürsten. Heutige Hofhistoriographen sind in den Unter-

scheidungen zwischen Dichtung und Wahrheit leider nicht mehr so firm, was für Schelme allerdings kein Problem ist. Wie Eugen Ruge in seinem Roman „Cabo de Gata" erfinden wir Geschichten, um zu erzählen, wie es war. Wir kennen die Geheimnisse der Sprache. Von innen.

Und noch etwas

Sprache, Schreiben und Erzählen gehören zur Allmende, die schon genug gelitten hat und täglich neuen Raubversuchen ausgesetzt ist. Die Gesellschaft der schreibenden Außenseiter kämpft und schelmt dafür, dass Sprache in der Allmende bleibt und nicht fahrlässig von sinsistren Gestalten für finstere Zwecke missbraucht wird. Freiheit im Schreiben zu finden, ist immer auch ein bisschen schelmische Anarchie mit bedachter und geselliger Intelligenz. Sie geht mit der Ruhe und Langsamkeit einher, die sie braucht, um gedeihen zu können.

Die Gesellschaft der schreibenden Außenseiter ist gegründet. Schelme sind qua „Amt" automatisch Mitglied. Alle freundlichen Wesen, denen Schelmerei, Hintereingänge und gelbe Socken weder Kopfweh noch Verwirrung verursachen, sind jederzeit willkommen.

Zwischen allen Stühlen sitzen

Was ein Schelm ist, wisst Ihr inzwischen. Also dies hier nur kurz zur Erinnerung. Ein Schelm ist Sommer und Winter gleichzeitig, ist der Coyote als Rabe, die Wilde Frau, der Pfaffe als Esel – oder war es umgekehrt? Vermenger von Lüge und Wahrheit, Herr der Tiere, Idiot, Picaro, Possenreißer, die Landstörtzerin und so weiter und so weiter. Der Schelm ist lebensdienlich, bringt Zivilisation, Feuer, Ackerbau, Näharbeiten, Erkenntnis, blamierte Helden, Klugheit, Butterbrote, Schalk, jede Menge Ärger und was man sonst so braucht.

Und nun kommt der wichtige Punkt zum Thema: Der Schelm ist heilig und profan zugleich und nicht das eine ODER das andere. Im Interesse der Vernunft ist er a-moralisch, im Sinne guter Praxis gewissenlos. Schelme sind wie Menschen nie nur eins und wie die Menschen sind die Schelme keine Freunde von Systematik und starren Plänen, denn der Platz zwischen den Stühlen ist der eigentliche Ort des Menschenmöglichen. Jedes Entweder-Oder friert die Welt ein, und für was? Für nichts als eine trügerische Klarheit, mit der man am Ende mehr verliert, als man gewinnt. Vor allem den Verstand.

Für diese Klarheit sollen Gut und Böse getrennt werden, was mindestens so gut funktioniert, wie dasselbe mit wahr und unwahr zu versuchen. Nämlich gar nicht. Derlei Versuche sind die Fantasien einer unglücklichen Kultur, die moralischen Fanatismus und Bekenntniszwang liebt, und die mit ihrer künstlichen Feindschaft zwischen Narrheit und Weisheit nichts anderes tut, als den alten Dualismus Teufel und Gott fortzuschreiben. Erinnert sich noch jemand daran, wieviel Leid und Elend daraus erwuchs?

Das Eine ist das Böse, sagen unsere Freunde, die Sioux. Erinnert ihr Euch? Aber es ist doch so bequem, in simpler Eindeutigkeit vor sich hinzudämmern. Der gemütliche Rückzug ins bizarre Idyll der entlastenden Komplexitätsreduktionen, geschaffen von alten und neuen „Agenturen für Eindeutigkeit" (Johannsmeier), die erziehen und belehren und sei es mit Gewalt, die einladen, den Verstand auszulagern und die angestrengten und unsicheren Menschenkinder durchs Leben zu leiten.

Totale Sicherheit, ein sicherer Hafen auch für das neuerdings so beliebte *„safe-to-hate"* gegenüber allen, die all das anders sehen? Sicher?

Moralische Widersprüche und Uneindeutigkeiten gehören zum Leben und lassen sich allzu oft nicht in Gut und Böse trennen. In Zivilisationen halten Menschen das aus. Damit sie damit im Training bleiben, brechen die Schelme ihre heiligsten Tabus und nehmen ihre Überzeugungen auf die Schippe – damit erst gar kein abstraktes, wirklichkeitsfremdes Entweder-Oder entsteht. Prinzipienmoral ist wenig lebensdienlich und meistens unmoralisch :-), denn Prinzipien sind – und müssen es sein – von der Realität tatsächlichen Verhaltens abstrahiert, das nie vollständig gut oder vollständig böse ist.

Zwei Stühle ohne drei

Identität: Wenn etwas A ist, dann ist es A
Widerspruch: Nichts kann zugleich A und Nicht-A sein
Ausgeschlossenes Drittes: Alles muss entweder A oder Nicht-A sein.

Als fundamentales Prinzip der formalen Logik ist die Dichotomie von A/Nicht-A einfach und allumfassend und so ungemein praktisch. Sie passt eben nur nicht auf die Wirklichkeit, was sie auch gar nicht soll. Sie ist ein Ordnungsprinzip, das nicht im Sinne des Lebendigen geschaffen wurde, sondern ein schieres Gedankenspiel, das so ungemein untauglich ist, dass es lachhaft ist. Dennoch vergiftet es unser Denken und Urteilen bis heute.

Es muss ein Schelm am Werk gewesen sein, als die Schöpfer der logischen Tiefkühltruhe eine Kleinigkeit übersahen.
Nicht-A ist nämlich eine ganze Menge, nein, es ist sogar unendlich, wie der etwas andere Philosoph John Dewey uns freundlicherweise zeigt: Wenn zum Beispiel A die Tugend ist,

ist Nicht-A nicht nur Untugend. Es ist auch auch Pferderennen, Dreiecke, Symphonien und Tagundnachtgleiche, Näharbeiten, Butterbrote, Coyoten, Raben ...

Dewey war davon überzeugt, dass die formale Logik die Quelle von mehr Trugschlüssen in der Philosophie, in der Ethik und in den Gesellschaftswissenschaften sei als irgendwelche anderen der zahlreichen Irrtümer, die unser Denken beschränken. Und nicht nur in der Philosophie, in der Ethik und in den Gesellschaftswissenschaften, wie ich an dieser Stelle betonen möchte.

Falls aber jemand unbedingt auf einem Prinzip besteht, bitte sehr: Das Dritte ist immer gegeben. Es lebt in den prächtigen Faltenwürfen des unendlichen Universums zwischen dem Entweder und dem Oder, darüber, darunter und mitten drin. Rechnet also immer damit, dass der Schelm Euch nach Strich und Faden betuppt, dass er der Bürokrat ist, der die Akten verlegt oder der Pfaffe, der den Esel in die Kirche führt. Vielleicht der Minister, der das Licht in Eimern ins Haus trägt oder sonst ein Held, den der Schelm mit Inbrunst imitiert. Er spottet der Götter und der Gewissheiten und schreibt die Zeitungen mit Lügengeschichten (s.o.u.u. verschiedene) voll.

Sich zwischen zwei (oder mehr) Stühle zu setzen, ist eine ernst ge-
meinte Empfehlung! Zu Beginn kann es ein wenig herausfordernd
sein, sich dichotomes Entweder-Oder-Denken abzugewöhnen. Zur
geistigen Erfrischung, Horizonterweiterung und Gemütsberu-
higung ist es aber unbedingt zu empfehlen.

Literatur
John Dewey, Logic – The Theory of Inquiry, New York 1938

Stanislaw Lem, Sterntagebücher, Frankfurt a.M. 1973
(Wir danken Professor Tarantoga, dass er uns die Abbildung der
Stuhlartigen Quälameise zur Verfügung gestellt hat.)

Glauben Sie ja nicht, wer ich bin
Raus aus der eigenen Haut – Eine Übung

Wer verfügt eigentlich, dass man immer nur dieselbe Person sein sollte und sich immer absolut gleich verhalten sollte, gemäß der einzigen Rolle, die man sich selbst zubilligt? In jeder Situation, zu allen Zeiten und an allen Orten? Es funktioniert doch ohnehin nicht, ganz einfach, weil es nicht menschenmöglich ist. Darüber hinaus kann es ein ungemein befreiendes Erlebnis sein, gelegentlich aus der eigenen Haut zu fahren und jemand ganz anderer zu sein.

Schelme sind, wie Ihr wisst, Meister der Verstellung, der Verkleidung und des konformistischen Rollenspiels. Die vielfältigen Schutzfarben machen es dabei für Nicht-Schelme besonders schwer, das Spiel zu durchschauen. Für Schelmenadepten gehört das Erlernen dieser Kunst zur Grundausbildung.

Habt Ihr Euch schon einmal mit einer Figur unterhalten, die Ihr selbst erfunden habt? Oder habt Ihr einmal einen ganzen

Tag mit ihr verbracht? Oder wie wäre es, sich selbst in diese Figur zu verwandeln? Von der befreienden Wirkung sprach ich schon, der Kollateralnutzen Horizonterweiterung und Steigerung der Gescheitheit ist unbedingt nachhaltig.

Am besten sucht Ihr Euch einmal für einen Tag einen Ort, wo Euch niemand kennt. Dort habt Ihr einen falschen Namen, einen falschen Beruf und eine falsche Geschichte und bewegt Euch ganz unbefangen als, ja als was …? durch die Welt. Schwierig? Ich weiß.

Ihr habt natürlich noch nie Geschichten erzählt, die ausgeschmückt waren wie ein Pfingstochse oder haarscharf an der Lüge vorbeischrammten (man muss nicht lügen, um nicht die Wahrheit zu sagen). Ganz klar. Ihr habt Euch natürlich auch noch nie mittels Übertreibung oder Vergesslichkeit in ein besseres Licht gestellt – und sei es nur aus dem einen ehrenhaften Grund, die Geschichte interessanter zu machen. Ehrlich: Ihr dürft so etwas tun. Solange man damit niemandem schadet – außer natürlich denen, die es verdient haben.

Wie erfindet man eine Figur?

Macht Euch keine Sorgen wegen Fantasie und Vorstellungskraft. Es ist alles da, was Ihr braucht. Vielleicht wurden die kreativen Kräfte seit der Kindheit ein wenig verschüttet, seit der Zeit also, als die Pferde noch sprachen, die Feen noch über unseren Köpfen schwebten und der Schelm noch ständiger Gast im Hause war.

Für den Anfang hilft eine kleine Fingerübung. Sucht Euch eine bekannte Figur Eures Misstrauens und schreibt sie um. Wie wäre es, einen bekannten Politiker in den Baron Münchhausen zu verwandeln? Das ist zwar nicht neu, aber sehr amüsant und aktueller denn je. Das Thema Lügengeschichten wird in diesem Handbuch ebenfalls behandelt. Ihr findet dort wertvolle Inspirationen. („Lügengeschichten schreiben")

Bei der Erfindung unserer Figur oder unseres *alter ego* sollten wir darauf achten, eine runde Figur statt einer flachen Figur zu schaffen. Runde Figuren sind interessant, komplex, dynamisch und meistens ziemlich widersprüchlich. Sie passen ihr Handeln der jeweiligen Situation an.

Flache Figuren hingegen haben nur wenige Merkmale, oft nur ein einziges. Auf dem Theater und in der Literatur sind sie Nebenfiguren, die eine bestimmte Funktion in der Dramaturgie einnehmen. Als statische Figuren sind sie oftmals Quellen der Komik (Slapstick), eben weil sie ihr Handeln der Situation nicht anpassen. Etwa so: Besagter Politiker rennt immer wieder mit dem Kopf gegen die Wand, obwohl die Tür gleich nebendran weit offen steht.

Eine weitere gute Fingerübung für die Figurentwicklung ist es, bestimmte Figuren einfach „abzuschreiben". Wer die Schelmen- oder die Tricksterliteratur kennt, wird hier schnell fündig. Auch andere literarische Lieblingsfiguren können der Orientierung dienen. Ganz spontan fallen mir Yossarian aus „Catch 22" oder Chief Broom aus „Einer flog über das

Kuckucksnest" ein. Zu weit hergeholt? Eine nicht ganz unwichtige Komponente bei dieser Schelmenübung ist es jedoch, sich aus der eigenen Komfortzone herauszutrauen.

Oder ...

Ihr stellt Euch vor, Batwoman, Captain Future, Herbie-Pilot, Astronautin, Cowboy, Dieb, Trickbetrügerin, Hacker, ein gefährlicher Schläger oder ein Mafia-Anwalt zu sein.
Schafft ruhig versuchsweise eine Figur für Euch selbst, die nie im Leben euren Weg kreuzen würde und die an keiner Stelle irgendeine Ähnlichkeit mit Eurem eigenen Leben hat. Macht die Distanz zwischen Euch und der Figur so groß wie möglich. Überschreitet die Grenzen von Geschlecht, Alter, und vergesst Moral oder Tabus.

Oder ...

Jemand sagte einmal, wer imstande sei, sich in einer Menschenmenge zu langweilen, müsse ein bedauernswerter Vollidiot sein. Die Welt ist voller realer Vorlagen für fiktive Figuren. Es gibt zahllose Gelegenheiten, sie zu finden. Bahnhöfe, Flughäfen, Wartezimmer, Zugfahrten, Cafés, das Büro, die Baustelle (was auch immer) sind perfekte Orte und Gelegenheiten. Hebt also den Blick vom Telefon und betrachtet die Wirklichkeit um Euch herum. Beobachtet genau. Ihr werdet unglaubliche Dinge entdecken

Und dann überlegt Euch, welches Verhaltensrepertoire Eure Figur hat. Wie sieht der Tagesablauf einer Trickbetrügerin, eines Diebs, eines Cowboys, einer Astronautin, eines Superhelden oder eines Mafia-Anwalts aus? Und nicht vergessen: Auch diese Leute erleben außer unglaublichen Abenteuern auch hin und wieder einen ganz normalen Alltag. Schließlich muss sich sogar Captain Future hin und wieder die Raketenstiefel putzen, oder was immer er an den Füßen trägt.

Noch eine Fingerübung, falls Ihr eine Figur ganz neu erfinden wollt.

Die Kürzestbiografie in vier Sätzen (auch sonst sehr nützlich):

Der erste Satz: Wer ist die Figur? Beruf und / oder Lebensumstände
Der zweite Satz: Wo und wie lebt die Figur? Umfeld, Milieu etc.
Der dritte Satz: Was ist der Weg der Figur? Biografie, Entwicklung, Karriere
Der vierte Satz: Hat die Figur einen Traum, ein Ziel?

Ein Tag mit der Figur

Bevor Ihr in Eure neue Rolle schlüpft – das wollt Ihr doch, oder? –,
begleitet Eure Figur einmal einen ganzen Tag lang im normalen Alltag. Steht mit ihr auf, esst mit ihr, geht zusammen einkaufen,
sprecht mit ihr übers Wetter, telefoniert mit ihr, stellt ihr Fragen zu
ihren Vorlieben, Ansichten, Schwächen, Stärken, geheimen Wün-
schen, lasst Euch von ihr zur Arbeit begleiten, lauft mit ihr herum,
lest ein Buch oder ein Schelmenhandbuch und diskutiert darüber.

Kombiniert dieses Stück mit den „Lügengeschichten" und
absolviert die Übungen. Damit werdet Ihr dem echten
Schelmenwesen einen Riesenschritt nähergekommen sein.

Lachen

Erinnert sich noch jemand an den alten Spontispruch „Lacht kaputt, was Euch kaputt macht"? Anstatt mit fliegenden Fahnen in die Schlacht zu ziehen und dadurch am Ende nur das Spiel derjenigen zu spielen, die uns übel wollen? Aber das hatten wir schon.

Schelme lachen und werden verlacht. Ich will Euch hier aber keine Witze erzählen, ich kenne kaum welche. Das Lachen ist auch ohne Witze ein wichtiges und würdiges Thema.

James Krüss widmete dem Lachen mit der Geschichte Timm Thalers, der sein Lachen verkauft hatte, einen ganzen Roman und ließ ihn gut enden.

„Da Timm nicht mehr am Lachen krankte, da er wieder heil und ganz war, sah er plötzlich, wie einfach alles gewesen war. Er hatte, verwirrt und verzweifelt, jahrelang Hintertreppen benutzt statt des kurzen, sicheren Weges. Er hatte komplizierte Pläne entworfen, in denen es um Millionen ging. Und er hatte das Lachen auf viel bil-

ligere Art wiederbekommen, für weniger, als ein Achtel Margarine kostet: für einen Pfennig."

Die Auflösung zeigt einen der wichtigsten Aspekte des Lachens: Es kostet nichts. (Abgesehen von ein paar Falten und dem winzigen Stich Margarine.)

Dass Lachen gesund und befreiend ist und außerdem schlau macht – vor allem in schwierigen Zeiten –, muss man nur noch moralinsauren Miesepetern und Prinzipienreitern erklären. Die besten Kabarettisten hierzulande stammten immer aus Gegenden, in denen es politisch nicht viel zu lachen gab. Sie waren die Schelme vom Dienst, die nicht nur der Politik, sondern auch der Gesellschaft, die diese Politik zuließ, den Spiegel vorhielt.

Wenn aber die Schelme zur Obrigkeit überlaufen, wie es mehr und mehr geschieht, und ein hämisches Lachen auf diejenigen lenken, die ohnehin nichts mehr zu lachen haben, gerät eine Gesellschaft in tödliche Gefahr.

„Schau Bruder Narr mir ins Gesicht. Erkennst Du dort Dich selber nicht?", fragt uns Till Eulenspiegel und fordert uns auf, vom hohen Ross herunterzukommen. Der Schelm ist unser kritischer, aber zuverlässiger Freund, wenn es darum geht, das Lachen über sich selbst zu lernen, es ins Alltagsrepertoire aufzunehmen und Fehlertoleranz einzuüben Er lehrt uns, eigene Fehler zuzugeben und heiter zu korrigieren, anstatt sich für selbst verschuldete Niederlagen an anderen rächen zu wollen.

Wer über sich selbst und seine Macken, Fehler, Irrtümer

lachen kann, lacht auch klarsichtiger über die Anmaßungen der anderen und weist sie leichter in die Schranken.

Der Obrigkeit gilt das freie Lachen seit jeher als gefährlich, weshalb sie sich zu allen Zeiten Mühe gibt, das Lachen zu verbieten, zu unterdrücken, moralisch zu ächten („darüber macht man keine Witze …") – oder es von sich weg auf unschuldige Opfer zu lenken.

Lachen ist unchristlich

„Der Name der Rose" von Umberto Eco stellt die Angst der Kirche vor der Komödie in den Mittelpunkt. Der im wahrsten Sinne des Wortes blinde Eifer eines bösen alten Mönchs mordet und brandschatzt lieber, als ein Buch über die Komödie in die Welt zu lassen. Der alte Jorge von Burgos verkörpert das verkorkste Verhältnis des Christentums zum Lachen. Wenn es überhaupt vorkommt, dann als Hohnlachen Gottes über die Torheit der Menschen oder als Warnung an alle Lachenden, dass es ihnen schon vergehen werde im irdischen Jammertal. Lachverbote für fromme Leute waren nicht selten, vielmehr betonte man die kathartische Wirkung des Weinens. Ein Gutachten der theologischen Fakultät der Universität Wittenberg im Jahr 1658 erklärte, lustige Scherze seien ungeeignet für die Bekehrung oder die Bestärkung im Glauben, weil sie – Gott bewahre! – das „Fleisch delectieren".
Anrüchige Lieder, Karnevalsverkleidung, frivole Feste und Umzüge, lautes Spektakel, spielerische Amoral und der manchmal derbe Witz der einfachen Leute waren den

Kirchenherren aber auch schon früher ein Dorn im Auge, wie alte Synodalbeschlüssen und Chroniken von Verfügungen und Verboten zeigen. Alles, was laut, bunt, lustig und unübersichtlich war, war schwer unter Kontrolle zu bringen. Das Volk war laut und frech und störte oft genug die Friedhofsruhe des „wahren Glaubens" und der einen „Wahrheit". Es frönte dem ‚Aberglauben' und gab sich den „Halluzinationen des Teufels" hin – mit anderen Worten, es glaubte, was es wollte.

Der Gewalt der Kirche, die wenig zimperlich ist in der Durchsetzung ihrer Interessen, begegnet man mit noch mehr demonstrativem Lachen, und das abergläubische und vom Teufel besessene Volk lacht über die Ritter und die Herren, die mit der Kirche gemeinsame Sache machen, um zu verabreden, wie man die Pfründe aufteilt. Später wirkten besonders in Deutschland, wo die Leute so gern zum Lachen in den Keller gehen, Philosophen (wie Georg Friedrich Meier), die das Lachen über ernste Dinge, wie zum Beispiel Philosophie und Religion geradezu kriminell fanden. Damit wurden sie selbstredend zur ewigen Lachnummer aller Schelme, die vor allem über ernste Dinge lachen, vor allem, wenn diese ernsten Dinge in der Gesellschaft nicht so ganz gleich verteilt sind und auch nicht zu jedermanns Nutzen ausgelegt sind.

Heiliges Lachen

In vielen Zivilisationen kann eine religiöse Zeremonie nicht beginnen, bevor nicht alle – besonders anwesende Fremde – einmal ordentlich gelacht haben. Denn – und das ist doch einmal eine Überlegung wert – in diesen Zivilisationen ist das Lachen selbst heilig. Es ist heilig, weil es das Lachen echter Aufklärung und tieferer Einsicht ist. Es ist das Lachen, das nicht verhöhnt und nicht hämisch ist, weil es alle und jeden mit einschließt. „Wenn wir über den Schelm lachen, grinst er zurück", erklärt uns Paul Radin, der den berühmten Trickster-Zyklus der Winnebago aufgezeichnet hat.

Wenn wir über ihn lachen, grinst er zurück.

Wir lachen über den Quixote, wie er der die albernen Ritter imitiert. Doch über wen lachen wir am Ende wirklich? Könnten wir noch einen Ritter sehen, ohne dass sich der Quixote davorschiebt? Wir bemerken es meistens erst ein bisschen später, aber das macht nichts. (s.a. „Ansichten eines Schelms")

Zurück zum gesunden Lachen. Von Endorphinen, den körpereigenen Glücklichmachern, hat heute jeder schon gehört. Lachen produziert diesen freundlichen Stoff, alles andere wäre ja auch sonderbar gewesen. Natürlich ist auch das Limbische System mit von der Partie. Das ist die Hirnregion, in der alle eingehenden Reize emotional bewertet und eingefärbt werden (nein, das soll kein Wink mit dem Zaunpfahl für die „Sachlichen" sein.). Lachen reduziert Stress und stärkt nachweislich das Immunsystem. Es kann sogar Schmerz reduzieren. Menschen durch permamente Stressproduktion, Angsterzeugung und Panikmache das Lachen vergehen zu lassen, ist nicht nur zutiefst antizivilisatorisch, ja barbarisch. Es schädigt nachweislich das Immunsystem und macht Menschen ernstlich krank.

Eine kleine Übung

Wir alle kennen es: Wenn jemand in lautes Lachen ausbricht, können wir uns kaum zurückhalten, selbst zu lachen. Wir spüren deutlich, wie die Lippen sich bewegen. Dasselbe geschieht, wenn wir nur lesen, dass jemand laut lacht. Es funktioniert auch, wenn wir jemanden beschreiben, der lacht und sogar, wenn wir nur über das „abstrakte" Konzept „Lachen" sprechen oder schreiben. Nur zu: Es ist immer einen Versuch wert – besonders, wenn man schlechte Laune hat.

Ob wir also beim Lesen in lautes Lachen ausbrechen oder jemanden lachen sehen, ob wir über Lachen lesen oder selbst lachen: Im Gehirn sind in jedem Falle dieselben Neuronen aktiv. Und nun etwas ganz Tolles: Es funktioniert auch umgekehrt: Die „Lachmuskeln" senden Signale ins Gehirn. Das heißt, wir können unsere Stimmung durch das Gesicht, das wir ziehen, beeinflussen. Es funktioniert!

Probiert es einmal aus. Und immer schön gegen die Obrigkeit. Es war noch nie so leicht. Also hört nie auf, über sie zu lachen – anstatt sich vor ihr zu fürchten.

Epikur lesen

Epikur und den Epikureern ging es ähnlich wie den Sophisten oder den Kynikern: Sie wurden von anderen philosophischen Schulen, allen voran derjenigen des Plato, so gründlich diffamiert und verleumdet, dass diese üble Nachrede bis heute nachwirkt. Mit Glacéhandschuhen wurde dabei nicht gearbeitet. Die politischen Vorstellungen der Kyniker führten für Plato zu nichts als einem „Schweinestaat", seine lang nachwirkenden „sokratischen Feldzüge" gegen Sophisten und Rhetorikschulen öffneten am Ende der Manipulation Tür und Tor, weil bis heute außer den Manipulatoren kaum noch jemand versteht, wie Sprache funktioniert.
Und Epikur?

Epikur steht für viele bis heute da als eine Art sinnenfroher Fettwanst, der Völlerei anheim gegeben und vernüftiger Gedanken nicht wirklich fähig. Dabei hat er nichts weiter getan als seine Philosophie im konkreten Diesseits der wirklichen Menschenwelt zu verankern, anstatt sie ins Geisterreich eines ungefähren unsichtbaren Jenseits zu verbannen.

„Zuerst also", sagt Epikur, *„nichts entsteht aus dem Nichts; denn dann könnte alles aus allem entstanden sein, ohne irgendwie der Samen zu bedürfen. Und wenn das, was im Schwinden ist, ins Nichts verginge, dann wären bereits alle Dinge zugrunde gegangen, und es wäre nichts vorhanden, wohinein sie sich aufgelöst hätten."*

Eine Seele aus Nichts kommt Epikur also nicht ins Haus, vielmehr ist sie *„keine eigenständige Entität, sondern „ein feinteiliger Körper [...], der in den gesamten Körperkomplex eingestreut ist, am ähnlichsten einem Hauch"*, schreibt Epikur an Herodot. Damit kommt er neueren Erkenntnissen über das Menschenwesen ziemlich nahe. Man weiß nämlich inzwischen sehr gut, dass man Leib und Seele und Herz und Verstand nicht voneinander trennen kann – allen unverbesserlichen Leib-Seele-Dualisten zum Trotz und all den derangierten Singularitäts-Sehnsüchtlern zum Schaden (tut uns leid ...), die sich irgendwohin laden wollen und dort ohne ihren Körper weitermachen und ewig, ewig leben wollen.

„Der Weise jedoch weicht weder dem Leben aus, noch fürchtet er das Nichtleben. Das Leben ist ihm nicht zuwider, noch hält er das Nichtleben für ein Übel."

„Die würden sich furchtbar wundern ohne ihren Körper", erklärte mir einmal ein renommierter KI-Spezialist. Und

„oben" oder auf welcher Ladefläche auch immer angekommen, spricht Epikur zu ihnen:

„Die Stimme des Fleisches spricht: nicht hungern, nicht dürsten, nicht frieren. Wem dies Begehren erfüllt wird und wer hoffen kann, es ständig erfüllt zu sehen, der könnte sich an Glückseligkeit selbst mit Zeus messen. Wir dürfen das, was wir haben, nicht entwerten durch das Verlangen nach dem, was wir nicht haben."

Oder wie meine Großmutter zu sagen pflegte: „Halte Maß in allen Dingen. Übermaß wird Schaden bringen." Ist doch ein schöner Rat für die Bewohner des aberwitzigen Firlefanzuniversums, die ihr Schicksal geistesgestörten Glücksspielern überlassen, die in ihrem Vollrausch die Zukunft verzocken. Natürlich nicht unsere, denn wir wissen schließlich, wohin wir gehen.

Bevor irgendwelche Missverständnisse aufkommen: Es geht hier nicht um Verzichtsappelle und „Maßnahmen" eines gescheiterten, aber unverdrossen selbstgerechten Staates. Es scheint, als wisse man sich nicht mehr anders zu helfen, als den Untertanen Wasser zu predigen, während man selbst Wein säuft.

Wir gehen stattdessen in den Kepos

Epikur gründete den Kepos, seinen Garten, im Jahr 307 v.u.Z. als Alternative zu den Schulen der üblichen Auserwählten. Auch Frauen und Sklaven hatten Zugang zum Kepos und dachten und diskutierten und recherchierten und fragten dort wie alle anderen auch – ein Novum und eine Ausnahme, die den Platzhirschen in Sachen Philosophie – Platon mit seiner Akademie und Aristoteles mit seinem Lykeion – ein Dorn im Auge war.

Und dann grenzt Epikur sich auch noch mit Nachdruck von der platonischen Methodik ab, die versucht, (zum Beispiel mittels des sokratischen Prüfungsgespräches), sich der „objektiven" Wahrheit zu nähern, die allerdings nicht von dieser Welt ist, sondern irgendeiner *virtual reality* entstammt. Epikur weist den absoluten Wahrheitsbegriff jeglicher Philosophien sportlich zurück und erklärt kraftvoll:

„Ich spucke auf die Vollkommenheit und jene, die sie sinnlos anstaunen, wenn sie keine Lust erzeugt."

Menschenmögliche Vernunft

Bei Epikur – wie bei den Schelmen – steht das praktische Wissen stets über der Theorie, auch und besonders in Sachen Moral. (Nichts gegen eine schöne Theorie, wenn sie denn zu irgend etwas führt.)

Die Brüder Ideal, Absolut und Objektiv leben im Reich Abstrahien und tun sich schwer mit dem Menschenmöglichen, das ihnen ganz und gar ärgerlich ist und das sie seit jeher mit Prinzipien zu vertreiben versuchen. Sie schicken regelmäßig Putzkolonnen zwischen die Stühle – mit wenig Erfolg, wie wir als Schelme nur zu gut wissen. :-)

Das Menschenmögliche hält sich viel lieber an die Tugenden,

wie Epikur sie beschreibt. Für ihn entspringen sie der Einsicht, mit anderen Worten, ihre Quelle ist die Vernunft.

„Leeres Geschwätz ist die Rede jenes Philosophen, durch die keine menschliche Leidenschaft geheilt wird. Wie wir einer Heilkunst nicht bedürfen, die nicht imstande ist, Krankheiten aus dem Körper zu vertreiben, bedürfen wir auch einer Philosophie nicht, die nicht das Leiden der Seele vertreibt.“

„Anfang und höchstes Gut bei alledem ist die Vernunft“, lehrt er uns. *„Deshalb ist die Vernunft sogar wertvoller als das Philosophieren. In ihr wurzeln alle übrigen Tugenden. Sie ist es, die lehrt, dass man nicht freudvoll leben kann, ohne vernünftig, anständig und gerecht zu leben, aber auch nicht vernünftig, anständig und gerecht, ohne freudvoll zu leben. Denn von Natur aus sind die Tugenden mit einem freudvollen Leben verbunden, und ein freudvolles Leben ist von ihnen nicht zu trennen.“*

Wer will da schon darben und sich knechten lassen für einen Stehplatz im Jenseits, wo lebens- und lustfeindliche Götter mit Feuerkeilen und Wassermassen um sich werfen, wenn sie schlechte Laune haben, und dann auch noch unbescholteten Menschen ins Schlafzimmer gucken. Für Epikur sind Götter, die anderen Schwierigkeiten bereiten (anstatt in heiterer Unbeschwertheit jenseits der Menschenwelt zu leben), nichts als bedauernswerte Loser.

„Denn nur bei einem schwachen Wesen sind derartige Regungen möglich.“

Gerechtigkeit und Freude

Auch die Gerechtigkeit ist für Epikur nicht ein Ideal aus dem Reich der Ideen. Auch sie ist eine schöne Tochter der Vernunft, eine *„Übereinkunft, die einen Nutzen im Auge hat, nämlich einander nicht zu schädigen und voneinander nicht Schaden zu erleiden.“* Natürlich sieht Epikur die Möglichkeit von Schindluder – gegen das aber auch keine Prinzipienmoral hilft –, zählt aber ganz auf die ausgleichende Gerechtigkeit der Langstrecke.

„Wer heimlich gegen die Abmachung verstößt, einander keinen Schaden zuzufügen und voneinander nicht geschädigt zu werden, der darf nicht darauf rechnen, dass er der Strafe entgeht, selbst wenn er für den Augenblick tausendmal unentdeckt bleibt. Denn es ist durchaus ungewiss, ob seine Tat bis zu seinem Tode im Verborgenen bleibt.“

Abgesehen davon, zahlt es sich für den Bösewicht auf Dauer auch nicht aus.

„Reichtum aber, der keine Grenzen kennt, ist große Armut (...) und geldgierig zu sein, ist schändlich; denn es gehört sich nicht, schmutzig zu geizen.“

„Denn dann nur haben wir Verlangen nach Freude, wenn wir die Freude schmerzlich vermissen. Wenn wir aber keinen Schmerz haben, bedürfen wir der Freude nicht mehr. Und aus diesem Grunde behaupte ich, dass die Freude der Anfang und das Ziel des glücklichen Lebens ist.“

Und was die Verleumdungen in Sachen Völlerei und Hedonismus angeht:

„Wenn ich nun erkläre, dass die Freude das Ziel des Lebens ist, dann meine ich damit nicht die Lüste der Schlemmer noch die Lüste, die im Genießen selbst liegen, wie gewisse Leute glauben, die meine Lehre nicht verstehen, sie ablehnen oder böswillig auslegen. Ich verstehe unter Freude: keine körperlichen Schmerzen leiden und in der Seele Frieden haben."

Und zum Schluss ein Epikur speziell für alle Schelme, die die Schönheiten des Kepos ausloten und die menschenmöglichen Möglichkeiten verschiedener Paralleluniversen erforschen:

„Ein Übel ist der Zwang. Doch was zwingt uns, unter Zwang zu leben?"

In der Tat. Was zwingt uns – oder wer – unter Zwang zu leben? *„Ein Mann, der Furcht verbreitet, kann selbst nicht ohne Furcht sein"*, gibt uns der Meister mit auf den Weg. Lesen hilft ja immer, auf befreiende Gedanken zu kommen. Mit Epikur zu beginnen, ist nicht die schlechteste Wahl. (s.a. „Besser lesen")

Literatur
Epikur. Philosophie des Glücks. Sämtliche Werke (in vielen Ausgaben gut zu finden)

Max Horheimer, Theodor Adorno, Dialektik der Aufklärung Frankfurt a.M. 1969

Gert Ueding, Moderne Rhetorik, München 2009

Selber leben
Mit einer kleinen Übung

„Kopf aus, App an." Eigentlich genial, diese Reklame für ein Ding, das helfen soll, einen Parkplatz zu finden. Parkplatz finden ist schließlich die schwerste intellektuelle Herausforderung, die sich ein denkender Mensch nur vorstellen kann. So gerade vorstellen kann. Falls ich es nach gelungener Verrichtung dann womöglich für unzumutbar halte, die Autotür (und danach die Wohnungstür) selbst zu öffnen, lasse ich mir einen Chip einpflanzen, der das für mich erledigt. Dann werde ich auch schneller gefunden, wenn ich verloren gehe. Oder wenn jemand mich sucht. Bei Hunden ist das längst gang und gäbe. Ist alles ganz gesund und tut nicht weh, heißt es. Weiß auch meine Krankenkasse, die mir schreibt: „Gesundheit wird immer digitaler."
Ich musste natürlich erst einmal schlucken, weil das sprachlich und logisch so ein horrender Nonsens ist (Verwechslung von Form und Inhalt auch?), aber natürlich verstehe ich, was

gemeint ist und bin geneigt, es als Drohung aufzufassen.

In Wien werden Straßenlaternen gepolstert, um die Unfallrate bei aufs Handy starrenden Fußgängern zu senken. Die Telekom wirbt mit Teenagern, die sich ihre Liebeserklärung via Internet übermitteln. Sehr zartfühlend. Man weiß schließlich, dass die Angststörungen beim direkten Kontakt mit realen Menschen dramatisch zunehmen. In der *virtual reality* feiert der alte böse Leib-Seele-Dualismus fröhliche Urständ. Ach ja, und es gibt natürlich Apps, die darauf hinweisen, die anderen Apps nicht ganz so häufig zu nutzen.

Nichts gegen digitale Werkzeuge – damit wir uns hier nicht missverstehen. Ganz im Gegenteil. Nur: Die Betonung liegt auf Werkzeug.

Glücksspiel und Wasser treten

Im Firlefanzkapitalismus hat das Glücksspiel natürlich einen hohen Stellenwert. Eine Bande glücksspielender krimineller Psychopathen verzockt unsere Zukunft, während die Zentralbanken mehr und mehr Luftgeld drucken, das dann für wenig lebensdienliche Dinge verschleudert wird, und die in tiefe Armut gesunkenen Verlierer der Chose ihr letztes Glück in der Lotterie versuchen.

Mit freundlicher Unterstützung ihres Smartphones. Es ist auch nichts weiter als ein Glückspielautomat, der – daran besteht inzwischen kein Zweifel mehr – Menschen süchtig macht. Beziehungsweise das, was via Smartphone ins Gemüt geschoben wird. „Wir haben das Ganze so angelegt, DAMIT Menschen süchtig werden", verriet einst ein Aussteiger aus dem inneren Zirkel von facebook. Was kümmert den echten Junkie dann noch der gigantische Energie- und Rohstoffverbrauch dieser Dinger, die inzwischen sogar Eltern davon abhalten, sich um ihre Kinder zu kümmern – ein Elend, das täglich massenhaft zu besichtigen ist.

Mein Zeitungsmann hat einen Elfjährigen in der Schule. Neulich wurde alles digitalisiert. „Seitdem funktioniert gar nichts mehr", erzählt er. Solche Geschichten höre ich aus Behörden, Universitäten, Läden, Unternehmen. Vor allem stelle ich fest, dass Menschen wichtige Dinge verlernen, zum Beispiel sich selbst auszuhalten, was es am Ende aber leichter macht, auch mit anderen auszukommen. Oder selber zu denken. Aber na ja, es ist ja zu und zu gemütlich in der digitalen Echokammer.

Dass Menschen verlernen, sich zu konzentrieren, sich einer Aufgabe mit Hingabe zu widmen, ist sattsam bekannt, ebenso wie die Tatsache, dass die Aufmerksamkeitsspanne durchschnittlicher Neunjähriger mal gerade 90 Sekunden beträgt. So viel länger ist sie bei Studis und Hochschulabsolventen heutiger Prägung auch nicht mehr, was außer bei Insidern aber nicht ganz so bekannt ist.

Oder nehmen wir eine der typischen kalifornischen Hightech-Firmen, die immer mal wieder Schauplatz neugieriger Studien sind, zum Beispiel zum Multitasking, das ich zu praktizieren aufgefordert bin, damit ich nicht von den noch Schnelleren gefressen werde – oder weil ich dazu gezwungen werde. Ich tue alles gleichzeitig (bilde ich mir ein) und bin dabei heiter und tugendhaft.

Ergebnis einer Studie (andere Studien brachten ähnliche Ergebnisse): Die Konzentrationszeit der Mitarbeiter besagter Firma betrug 11 Minuten. Die Multitasking-Genies telefonierten, mailten, redeten mit Kollegen ... Es dauerte dann ca. 25 Minuten, bis sie die Wiederaufnahme der Sache schafften, an der sie vor dem Telefonieren, Mailen, Sprechen gearbeitet hatten. Nach derlei effizientem Multitasking-Training waren die Firmenmitarbeiter zu längeren Konzentrationsphasen als 11 Minuten auch gar nicht mehr fähig, selbst wenn sie gewollt hätten. Was soll man sagen? Dass diese Leute, die nach wie vor von so vielen bewundert werden, das Problem und nicht die Lösung sind?

Man kann beim Multitasking in einen Adrenalinrausch geraten, was die Sache für schwache Naturen so attraktiv macht. „Unterm Strich sind die Berauschten aber viel weniger leistungsfähig als Leute, die sich normal konzentrieren können", erklärt ein Psychiater namens Edward M. Hallowell, der zu Aufmerksamkeitsstörungen forscht. Befragt, was man beim (vermeintlichen) „Multitasken" wirklich tut, hat er eine klare Antwort. „Man tritt nur Wasser."

Fomo-Demenz

Angst, Sucht, Demenz, Depressionen, unbewältigte Informationsflut, Erregung, Unruhe, Schlafstörungen, die dann

Ursache für weitere Erkrankungen sind … bei Jugendlichen vor allem auch Übergewicht und Koordinationsstörungen mit einem Rattenschwanz von Spätfolgen. Der Augapfel wächst nicht richtig, wenn Kinder … aber was soll sein? Sie imitieren ihre Eltern. Die werden's schon richtig machen. Wenn die dauernd Angst haben, etwas zu verpassen, also unter fomo (*fear of missing out*) leiden, wird das schon einen guten Grund haben. Verhaltenssucht nennt man das, was dabei herauskommt.

Mangelnde Empathie bei den Eltern, die die Signale ihrer Kinder nicht mehr richtig empfangen, macht auch die Kinder unempathisch – was schert mich auch mein Mitmensch? Da verbringe ich meine Zeit lieber mit Online-Spielen oder Videos oder noch mehr Videos und noch mehr Spielen. Drei bis fünf Stunden am Tag.

70 Prozent aller unter 30-Jährigen schlafen mit dem Smartphone im Bett. Viele beschwerten sich über Schlafstörungen. Komisch …

Kinder und Jugendliche sind unglücklicher als noch vor 20 Jahren. Sozialer Druck, ständige Reizüberflutung, fomo, Kurzsichtigkeit … und weit und breit weder Eltern noch Gesellschaft, die ihre Nachkommen vor Leid bewahren. Ein Schelm wer Böses dabei denkt?

Arbeitsverdichtung und ständige Erreichbarkeit, gleichzeitig Sorge um den Job werden mit Yogabonbons in der Mittagspause übertüncht. Die Grenze zwischen Freizeit und Arbeit verschwimmt wie die Grenze zwischen Mensch und Maschine. So ganz klappt es nämlich nicht mit der hyper-komplexen Variante der Künstlichen Intelligenz, mit der die Zauberlehrlinge im Silicon Valley (die mit den Kon-zentrations- und Aufmerksamkeitsstörungen, um nur zwei der Störungen zu nennen) Menschen ersetzen wollen (für Soldaten reicht's aber schon), also machen sie's umgekehrt.

Die „Agenturen für Eindeutigkeit" (Johannsmeier, hier schon mehrfach erwähnt) sind heute nicht mehr die Kirchen, die kulturelle und sehr viel schelmische Vielfalt zerstören mussten, um ihre alleinige Deutungshoheit über die Welt durchsetzen zu können – egal, welche Denomination oder Konfession, Hauptsache ein Gott und nur einer. Die Muster der Zurichtung von Menschen sind dieselben geblieben. Schufterei, noch mehr Schufterei, Angst (komme ich in die Hölle?), Angst vor Versagen, permanente Indoktrination, Einsicht in die eigene Sündhaftigkeit, Hexen verbrennen ...

Man muss kein Schelm sein, um Böses dabei zu denken. Es hilft aber, wie ein Schelm zu denken, um Böses besonders deutlich zu erkennen.

Beim Denken wie ein Schelm hilft eine kleine Übung (nein, es folgt keiner der putzigen Ratschläge, die man den Bewohnern der Digitals der Tränen ständig verabreicht, wie etwa das Smartphone nicht in die Hosentasche, sondern in den Rucksack zu stecken oder es nur noch auf unbequemen Stühlen zu nutzen (im Ernst! Falls das tatsächlich jemand in Erwägung ziehen sollte, empfehle ich zu diesem Zwecke allerdings die Stuhlartige Quälameise nach Lem – zu finden in Professor Tarantogas Sterntagebüchern).

Nehmt Euch eine Stunde.
Nur eine Stunde. Setzt Euch irgendwohin, allerdings nicht auf eine belebte Straße. Irgendwohin, wo es ruhig ist, wo Ihr Euch nicht die Zeit damit vertreiben könnt, das Getriebe zu beobachten. Setzt Euch vor eine kahle Wand und sorgt dafür, dass Ihr nicht gestört werdet. Ihr habt nichts zur Hand. Kein Radio, keinen Fernseher, keinen Computer, Telefon sowieso nicht, kein Buch, keine Zeitung. Nichts. Und dann tut ihr eine Stunde lang – nichts. Glaubt mir, das ist eine sehr gute – wenn anfangs auch nicht ganz leichte – Übung, selber zu leben.

Finde den Fehler ...

Weniger arbeiten
Hintergründe über eine folgenschwere Verirrung moderner Zeiten

Über Paul Lafargue, einen Anti-Faulpelz-Kanzler, die Sünden der guten Christen und anderer Ideologen, McMindfulness und Sinngebungszwang, Schlafmangel und Vergesslichkeit im digitalen Rauschen. Weder Maschinenarbeit noch Digitalisierung brachten die Befreiuung von zu viel Arbeit. Was ist schief gegangen?

Effizienzdelirien und sozialer Druck der Selbstoptimierung (um die Ecke steht ein Wagen mit der Aufschrift „Business-Yoga") machen das Leben zu einem stressbeladenen Projekt, die Arbeit wächst ins Privatleben, als hätte es nie Gesetze gegeben. Verlangt wird, zu arbeiten bis zum Abwinken und zum Trost zu konsumieren, bis die Vorstellungskraft, was man noch alles kaufen könnte, schließlich versagt.

„Nebenbei" geht der Planet vor die Hunde. Wir wissen schon lange, dass zu viel Arbeit und vor allem zu viel falsche und unsinnige Arbeit krank macht – und volkswirtschaftlich auch gar nicht nötig ist.

Weder Maschinenarbeit noch Digitalisierung brachten die Befreiuung von zu viel Arbeit, wie der Ökonom John Maynard Keynes es vor 70 Jahren leider viel zu optimistisch prognostizierte. Es hätte natürlich so sein können. Die Arbeit für Menschen würde weniger und wäre gerecht verteilt, meinte er ...

Back in the 1930s, economists, intellectuals and trade union leaders were united in the belief that a shorter working day was fast approaching. The machines would shoulder more and more of the toil, they reckoned, leaving lots of time off for workers. A three or four day week would be ample to procure the necessities of life. The increase in leisure would be spent pursuing healthful recreations such as philosophy, dancing, sewing, cooking and wandering through the woods collecting mushrooms.

Tom Hodgkinson, The Idler

Offensichtlich übersahen die Experten, dass bestimmte Arten der Organisation von Arbeit nicht nur ökonomisch motiviert sind, sondern vor allem auch dem Zweck dienen, eine große Anzahl von Menschen zu disziplinieren.

Der feudalistische Charakter des herrschenden Wirtschaftssystems braucht jede Menge „Bullshit Jobs", damit seine Profiteure Hof halten können, entdeckt uns der Ethnologe David Graeber. Es braucht außerdem die ungleiche Verteilung der Arbeit, damit die Angst derjenigen, die noch

Arbeit haben, virulent bleibt ebenso wie das Ressentiment der „kleinen Leute" gegen die „Faulpelze" und „Schmarotzer".

Ein Ritter gegen die Faulpelze

Es war einmal ein „sozialdemokratischer" Bundeskanzler, der das pfiffig erkannte und die schweren moralischen Geschütze auffuhr. Wie ein Ritter in schimmender Wehr zog er gegen die Faulpelze und die Arbeitsverweigerer in die Schlacht, darunter Massen von Arbeitslosen, die von einem längst dysfunktionalen Wirtschaftssystem hinausgeworfen und ersatzlos gestrichen worden waren. Schließlich hatte er eine neoliberale Agenda durchzusetzen.

Natürlich hatte Gerhard Kein-Recht-auf-Faulheit Schröder seinen Paul Lafargue gelesen und wusste, warum er uns mit sowas kommen konnte. (Der eigentliche Architekt der Malaise wurde später ins höchste Staatsamt gewählt, musste aber bald in seinem Schloss die Lichter ausmachen.)

„Eine seltsame Sucht beherrscht die Arbeiterklasse aller Länder, in denen die kapitalistische Zivilisation herrscht", schreibt Paul Lafargue in seinem Lob der Faulheit, *„eine Sucht, die das in der modernen Gesellschaft herrschende Einzel- und Massenelend zur Folge hat. Es ist dies die Liebe zur Arbeit, die rasende, bis zur Erschöpfung der Individuen und ihrer Nachkommenschaft gehende Arbeitssucht. Statt gegen diese geistige Verirrung anzukämpfen, haben die Priester, die Ökonomen und die Moralisten die Arbeit heiliggesprochen."*

Fromm und fleißig

Die Protestantische Ethik in ihrer „pathetischen Unmenschlichkeit" (Max Weber) mitsamt ihren puritanischen Moral-
aposteln, die sonntags in der Kirche predigten, dass Vergnügen Sünde sei und Widerstand erst recht, fundierte einen
bedeutenden Teil der Ideologie, ohne die heutiges Wirt-
schaften undenkbar wäre. „Die Freiheit eines Christenmenschen", postuliert von einem erklärten Bauernfeind und
glühenden Antisemiten namens Martin Luther wurde schnell
die Freiheit, seine Mitmenschen bis aufs Blut auszubeuten.
Der Lohn? Nur rechtes Knechten erhebt die armen Teufel ins
Himmelreich und bewahrt sie vor Beleidigungen späterer
Bundeskanzler. Schon Kinder wurden früh mit Schreckens-
bildern von Höllenqualen terrorisiert. Aus ihnen würden ge-
horsame Erwachsene, die fortan das stille Leiden akzep-
tierten. Harald Welzer fasst zusammen: *„Die disziplinierenden
Aspekte der Arbeit, die der frühe Kapitalismus so ideenreich ent-
faltete, wären ohne ihre religiös-moralische Aufladung nicht so
erfolgreich durchsetzbar gewesen."*

Methoden der Dressur

Menschen haben es nicht „in den Genen" von früh bis spät zu
schuften. Man musste sie abrichten. Man ließ sie bei nie-
drigsten Löhnen absichtsvoll hungern, um sie willfährig zu
halten und um jeden „dummen", das heißt selber gedachten
Gedanken im Keim zu ersticken. In seiner „Protestantischen
Ethik" beschrieb Max Weber die Vorstellung, dass der liebe

Gott den guten Kaufmann und den erfolgreichen Fabrikanten ganz besonders liebt. Im Fleiß lag die höchste Tugend. Dummerweise war es in der Regel der Fleiß der Arbeiter, der dem Unternehmer die Fahrkarte ins Himmelreich verschaffte. Denn wie genau der gottgefällige Reichtum entstand – da sah der liebe Gott nicht so genau hin.

So wurden – in der Regel unterstützt von Regierungen – die Maschinen zu Instrumenten, den Reichtum Weniger zu mehren, während die Mehrheit viele lange harte Stunden arbeiten musste. Mehr Zeit für die hart arbeitenden Reichtumsmehrer wurde erst nach und nach gewährt, wenngleich bis heute nicht in dem Maße, wie das möglich wäre. Unterstützt wird allerdings etwas anderes.

„Worldwide, the mania for consumer goods has created a deadly culture of overwork. A recent UN report stated that work kills two million people per year: that's an amount equivalent to two September 11 disasters every day. Yet I see no "War on Work" being declared by governments around the world. In fact, the story went widely unreported", schreibt Tom Hodgkinson in seinem Bestseller „How to be Idle."

Schlafmangel, Vergesslichkeit im digitalen Rauschen und Hyperinklusion

Wer regelmäßig mehr als 10 oder 11 Stunden täglich arbeitet, leidet in der Regel unter Schlafmangel. Und das hat, wir wir inzwischen wissen, katastrophale Auswirkungren auf unsere

Gesundheit und unseren Verstand. Während wir schlafen, repapieren und adjustieren sich Körper und Gehirn und führen lebensnotwendige Instandhaltungsarbeiten durch.

Ohne Schlaf können Nervenzellen sich nicht optimal verknüpfen, Neurotransmitter arbeiten nicht richtig. Das macht uns nicht nur traurig und missmutig, sondern auch denkträge, weiß der Neurobiologe und Schlafforscher Albrecht Vorster von der Universität Tübingen.

Erst im Schlaf werden aufgenommene Informationen und Erinnerungen zu sinnvollem Wissen. Übrigens ist das auch das Geheimnis des Geistesblitzes.

Wer also wenig schläft und ständig „on" ist – und darauf auch noch stolz ist –, hat beste Chancen, bei Zeiten zu verblöden. E-Mails 30 bis 40 Mal in der Stunde zu checken, hat nachweislich schlimme Folgen für die Intelligenz. Um diesen vermeintlich unproduktiven Schlaf abzuschaffen, sind einschlägig bekannte Zombies dabei, Gehirn-Implantate zu entwicklen, um die Produktivität zu steigern – um noch mehr Firlefanz zu produzieren. Wir freuen uns jetzt schon auf die Freak Show.

Schöne neue Arbeitswelt. Was sagte noch der ehrwürdige Pastor Andrew Townsend angesichts unbotmäßiger Arbeiter: *„Man muss sie hungern lassen."*

Mit Verblödung, dem geistigen Verhungern (mit oder ohne Implantat), funktioniert natürlich die Hyperinklusion in die jeweilige Unternehmens-„Mission" viel besser. Ökonomische Sektenpolitik nach us-amerikanischem Vorbild predigt Erlösung durch Zugehörigkeit. Man könnte auch sagen: Neutralisierung durch Integration.

„The degree to which people are expected to sacrifice their entire lives and identities to their jobs is reminiscent of religious cults like Scientology. In order to be a Scientologist you are expected to devote your whole life to the cult – not just show up at church on Sundays. CEOs and startup founders describe their jobs as their children and take pride in subsuming their lives under their careers. You must show that you are completely obsessed with your job.“

Tom Hodgkinson

Harald Welzer findet es zu Recht ironisch, dass einer der frühen Erfolge der Arbeiterbewegung war, dass nicht mehr gegen, sondern um Arbeit gekämpft wurde. *„Aber auf diesem Weg verwandelte sich der anfangs äußerst brutale Zwang von außen in eine stolz zur Schau getragene Wertschätzung der Arbeit nach innen – und ihre bis heute tiefenwirksame Bindung an Erziehung.“*

„McMindfulness“

Die Verlagerung des Drucks von außen nach innen ist ein zutiefst protestantisches Prinzip. So gerät umso leichter aus dem Blick, dass es zuerst einmal dysfunktionale Verhältnisse sind, die so viele Menschen krank und unzufrieden machen. Ronald Purser zeigt in „McMindfulness“, wie Stress pathologisiert und privatisiert wurde. Wer's nicht schafft, sich leistungsstark mit den Verhältnissen zu arrangieren, ist halt ein Minderleister. Die kulturelle Hegemonie des Neoliberalismus hindert Individuen mehr und mehr, die realen Kontexte durch den Schleier des angestrebten und erwarteten „Self-Improvement" und persönliches „Zeitmanagement" (das wegen all der systemischen Maschinenlogik gar nicht funktionieren kann) zu sehen. Bei Google hieß der Inhouse-Guru für „Achtsamkeit" offiziell „Jolly Good Fellow" und predigte munter: „Search inside yourself".

Myriaden von Kursen, Workshops und Bootcamps sollen Unternehmen dabei helfen, ihre Beschäftigten auf Linie zu bringen, „Sinn" zu finden in der Hyperinklusion und ganz aufzugehen in der Arbeit. Was für Kreativlinge wie unsereinen funktionieren mag, kann aber kein Postulat für abhängig Beschäftigte sein. Arbeit muss für den Einzelnen keinen „Sinn" machen, außer Geld damit zu verdienen. Sinn machen anständige Arbeitsverhältnisse, gute Manieren, gute Bezahlung, Rechtssicherheit und vor allem kürzest mögliche Arbeitszeiten. Einen ganzen wachen Tag lang zu arbeiten ist ökonomisch keineswegs notwendig (konnte man schon in den 70ern bei André Gorz nachlesen), vielmehr ist es nichts weiter als eine Maßnahme der Disziplinierung. Mit zu viel freier Zeit könnten die Leute ja auf dumme Gedanken kommen, tun, was sie wollen, denken, was sie wollen, Bienen züchten, Krimiserien gucken, Currywurst essen, Geschichten schreiben, die politische Sphäre wiederbeleben (die echte politische Sphäre), Wege finden aus dem psychomorphen sektenförmigen Sinngebungszwang und einfach als Menschen weitermachen. Und nicht als hyperinkludierte Happy-Happy-

Mitarbeiter, die auf quasi therapeutischem Wege optimiert werden, damit sie besser funktionieren. Wobei man ihnen mit den trügerischen Vokabeln von Transformation, Zukunft, Regenbogen und Selbsterfüllung kommt, während in Wahrheit alles beim Alten bleibt. Ein wahrhaft gelungenes neoliberales Projekt.

„Antiwork" trendet neuerdings in verschiedenen Netzwerken. Entstanden ist es in dem Land – was Wunder –, in dem große Unternehmen, besonders die digitalen, (wie bereits angedeutet) wie Sekten und Kulte organisiert sind. Jeff Bezos hat für amazon sogar ein eigenes Evangelium erfunden. Kein Witz! Wer es am besten runterbeten kann, bekommt einen Keks ... Vielleicht würde der Reverend Townsend protestieren. Gegen den Keks, meine ich.

Antiwork hat viele Vorläufer, nicht nur Paul Lafargue. Auch die Surrealisten durchschauten die Strukturen abhängiger Arbeit, wie sie seit dem großen (und anhaltenden) Allmenderaub eingeführt wurden und erklärten:

„Nieder mit der Arbeit!"

Als Mensch weitermachen

Tatsächlich führt die Reduktion von Arbeitsstunden in den meisten Fällen zu glücklicheren Unternehmen und zu glücklicheren Menschen, weil Menschen einfach wieder mehr als Menschen leben können.

Aber es ist wie in den alten bösen Zeiten der Grunddisziplinierung: Je länger wir arbeiten, umso mehr Möglichkeiten gibt es, uns im „Überwachungskapitalismus" (Shoshana Zuboff) auf den digitalen Fersen zu bleiben.

Ironischerweise sind es die Digital-und KI-Propheten, die früher das gelobte Land der Arbeitszeitverkürzung als Legitimation ihrer Herrschaft ins Feld führten (einige Naivlinge in Politik und Wissenschaft argumentieren immer noch damit). Heute sind die Menschenfreunde von gestern gern dabei behilflich, uns flächendeckend zu überwachen, inzwischen auch unverhohlen mit dem Ziel, den dümmeren Teil der Menschheit steuern zu wollen. Neuerdings finden sie Gefallen an 60- oder gar 80-Stunden-Wochen und gerieren sich als Helden in totaler Aufopferung an die Sache, das heißt, den Job und selbstredend für die Rettung der Menschheit ...

Es reicht ihnen nicht, sich selbst auf dem Altar der „pathetischen Unmenschlichkeit" zu opfern. Sie schuften sich in die unausweichliche Verblödung, verwüsten Kultur und Zivilisation mit Kaffee in der Pappe auf dem Weg zur Galeere, wo sie selbstredend auch keine Zeit haben, Dinge in Ruhe mit anderen zu durchdenken. Und solchen Figuren wollen – oder sollen? – wir unsere Zukunft anvertrauen?

Kreativität ist eine typische Eigenschaft ausgeglichener Menschen. Nicht derjenigen, die sich überreizt und unausgeschlafen alle 11 Minuten von digitalem Firlefanz bei der Arbeit unterbrechen lassen, wie eine Studie unter den Arbeitshelden im Silicon Valley ergab. (s.a. „Selber leben")

Die wirklich erfolgreichen Menschen, arbeiten „low-tech". Keine elektronischen Tabellen, keine „Sheets", „Palm Pilots" etc. Sie machen sich Notizen. Auf Papier. Mit der Hand.

Wie Leonardo da Vinci.

Schreiben hilft beim Denken, bei der Kreativität, beim glücklich Werden, sogar bei der Arbeit. Sagte ich das schon? Allerdings kann man Sprache und Denken nicht wirklich auseinanderhalten. Aber das ist eine andere Geschichte. Irgendwelche Zombies bauen natürlich längst Roboter, die das Schreiben übernehmen (ein Schelm, wer Böses dabei denkt), aber sie bauen ja auch Sexroboter.

Überlegt einmal, was für Euch erfolgreich heißt. Überlegt, was genau „Arbeit" für Euch bedeutet, nicht nur Eure persönliche Arbeit, sondern der Begriff als solcher. Welche Assoziationen springen an? Welche Beiklänge hat das Wort?

Literatur
David Graeber, Bullshit Jobs, New York 2018

Paul Lafargue, Das Recht auf Faulheit (Le Droit à la paresse)
Paris 1883. Deutsch von Eduard Bernstein. Köln, 2015

Tom Hodgkinson, How to be Idle. A Loafer's Manifesto
London 2004

Harald Welzer, Alles könnte anders sein, Frankfurt 2019

Ronald Purser, McMindfulness, London 2019

Abigail Susik, Surrealist Sabotage and the War on Work
Manchester University Press 2021

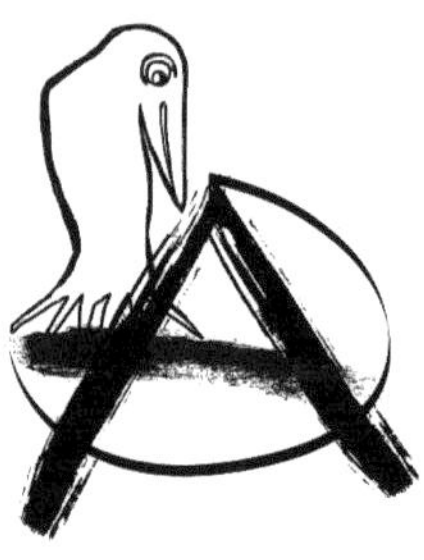

Mehr Anarchie wagen

Wie die alten Götter und Geister muss man die Hexen ausrotten als
Verbündete des Teufels. Man muss den Aberglauben ausrotten, bis
es nur noch eine Wahrheit gibt, bis Eindeutigkeit herrscht und
niemand mehr einfach glaubt, was er will.
Sonst herrscht am Ende Anarchie.

Anarchie, allein das Wort löst bei nicht wenigen Menschen
Angst und Schrecken aus ... was mir natürlich sehr leid tut.
Aber ich kann Euch beruhigen. Anarchie und Anarchismus
haben nichts damit zu tun, Bomben zu werfen, Hollywood-
schaukeln in Botschaftergärten umzuschmeißen, sich große
Buchstaben in Kreisen auf schwarze T-Shirts zu malen oder
mitten in der Nacht heimlich spazieren zu gehen und dabei
Currywurst zu essen (obwohl ... das schon eher, nachdem
Regierungskreise bekanntgaben, der Spaziergang habe seine
Unschuld verloren).

Anarchie hat auch nichts mit dem brutalem Chaos zu tun, das
der arme Hobbes in seinem zerrütteten England beschrieb
und erfundenen Ursachen zuschrieb, was die wahren Bösewichte davonkommen ließ.

Wir wollen uns die Vorbilder auch nicht bei der Art Anarchisten suchen, wie sie in Regierungen vorkommen, die
wahnsinnig gern Gesetze für andere machen, an die sie sich
selbst nicht halten, wobei sie geschickt jeder Strafe entgehen.
Die sich nehmen, was sie kriegen können, und sich einen
Spaß mit den Menschen machen, dass es ihnen nur so eine
Lust ist. Diese Anarchisten meinen wir nicht.

Für Pierre-Joseph Proudhon (1809 bis 1865), Ökonom und
Soziologe, waren der Staat und diejenigen, denen der Staat
dient, die eigentlichen Unruhestifter. Nun ja, es sind Leute,
die ihr oft genug geraubtes Geld in politische Macht um-
münzen und ihre Herrschaft über alle anderen zu ihrer
Lebensgrundlage und Existenzweise machen – und genau so
sind, wie sie es den „Primitiven" und „Wilden" ohne Staat
stets unterstellen. Unter ihrer Herrschaft wurde und wird das
Leben so selbstsüchtig, kindisch und sozial verantwortungslos
gemacht, dass man schließlich glaubt, ohne organisierte
Gewalt ginge es nicht mehr. Aber was setzt diese organisierte
Gewalt durch? Doch nur wieder das Recht des Stärkeren,
während die immer größer werdenden Unterschiede zwischen Arm und Reich Begriffe wie Freiheit oder Demokratie
zum Gespött machen. Mit „der" Natur „des" Menschen hat
das alles nichts zu tun. Anarchie hat auch nichts mit der
Verwilderung der Sitten zu tun, die manch einer offen

beklagt, dabei aber heimlich herbeisehnt, damit man endlich Ordnung schaffen kann.

Tote Pferde und Staatsfeinde

Zig Jahrtausende kamen die Menschen ohne Staat aus, ohne dass sie sich gegenseitig ausgerottet hätten. Schelme und Trickster hielten den Menschen den Spiegel vor, wenn etwas aus dem Ruder lief und der Bestand der Gemeinschaft gefährdet war. Sie verspotteten alle, denen man – vorübergehende – Macht zugestanden hatte, damit sie sich nicht allzu sehr daran gewöhnten.

Wer immer noch das tote Pferd von den „Kulturstufen" und einer quasi automatischen sozialen Evolution von einer niedrigen zu einer höheren Organisationsstufe reitet, dem sei dringend ein wenig ethnologische Fachliteratur empfohlen. Es gab immer funktionierende Gesellschaften ohne Staat, es gibt heute Staaten, die keinerlei Polizeigewalt ausüben, es gibt immer mehr Weltgegenden, aus denen Staat und Polizei so gut wie verschwunden sind. Und man hört nur deshalb wenig davon, weil nichts Aufsehenerregendes passiert. Die Menschen leben einfach ihr Leben weiter, wie sie es vorher auch getan haben, ohne dass das große Hobbes'sche Chaos ausbricht. Sie bekommen das halt einfach geregelt. Menschen können so etwas.

Was ist Anarchie?

Anarchie ist eine Kombination friedlicher Zusammenarbeit mit größt möglicher Autonomie – und ein natürliches Habitat für Schelme, eine Blase der Wirklichkeit sozusagen, wenn sie, die Schelme, in beengten und unglücklichen Welten ihr Wesen treiben und die eine oder andere Hexe vor der Inquisition retten.

Anarchie braucht keine Erziehungstruppen im Gouvernanten- und Nachtwächterstaat, sondern selbst denkende Menschen, die womöglich einen Hang zum Schelmentum haben. Wundert Euch nicht. Wer sich freiwillig wie ein dummes Kind benimmt, wird auch so behandelt. Wo aber Erwachsene unter Erwachsenen handeln und wandeln, kommen sie schnell zu verantwortungsvollen Entscheidungen. (Mit Leuten, die der überall aufwachsenden Lust am Infantilen frönen, wollen wir uns hier nicht aufhalten.) Anarchie verbindet die Hingabe an gemeinsames Handeln und gemeinsame Verantwortung mit persönlicher Freiheit und Eigenverantwortung.

Doch, doch, das geht. Es lohnt sich, es einfach einmal zu Ende zu denken.

Selbstorgansierende Systeme

Anarchisten wissen, dass Dinge am besten funktionieren, wenn man Menschen, Unternehmen, Organisationen oder Gemeinwesen in Ruhe lässt. Denn das alles sind im Wesentlichen selbstorgansierende Systeme, die, einmal in der Spur, keine zentrale Steuerung von oben brauchen. Der Gedanke wurde hier und da populär, vor allem seit der Physikochemiker Ilya Prigogine für seine Entdeckung der „dissipativen Strukturen" 1977 den Nobelpreis gewann. Er fand heraus, dass bestimmte chemische Systeme sich bei Störung von außen selbst reorganisieren, anstatt den Weg alles Irdischen zu gehen. Alle offenen Systeme haben die Fähigkeit, sich selbst zu organisieren, ohne in tödlichem Chaos zu zerfallen. Das gilt für chemische Systeme ebenso wie für menschliche. Die Belege dazu sind zahlreich und immer eine Lesereise wert. (Literaturhinweise findet Ihr wie immer am Ende des Artikels.)

Nun, jedenfalls haben seit Prigogines Entdeckung kluge Leute herausgefunden, dass Organisationen aller Art, Unternehmen, Universitäten, ja, sogar Behörden, am besten funktionieren, wenn die Chefs nicht da sind.

Mechanistische Weltmodelle, die wider besseres Wissen immer noch in zahllosen Köpfen fest verdrahtet sind, schreien Zeter und Mordio, wenn Störungen auftreten, weil sie vermeintlich ins große Chaos des unvermeidlichen Untergangs führen – es sei denn, man schafft ordentlich Ordnung. Ihr wisst schon. Denkt man da nicht unwillkürlich an Voltaire, der erklärte, es gebe keinen Gott, aber erzählt es nicht den Dienstboten ...?

Netzwerke und Schweinestaat

Stellen wir uns einmal Anarchie als Netzwerke kleiner Ladenbesitzer, Handwerker, Künstler, kleiner und freier Bauern, Freiberufler, pfiffiger Händler und fröhlicher Faulpelze vor, die noch nie einen Staat brauchten, um ihren Gewerben und Gewerken ehrenhaft und zum Nutzen und Frommern aller Beteiligten nachzugehen. Stellen wir uns vor, einmal ohne schlechtes Gewissen Fünfe gerade sein zu lassen oder ein Auge zuzudrücken. Stellen wir uns einmal vor, auch einmal die Regeln zu brechen, wie es uns der Anthropologe und Widerstandsexperte James C. Scott etwas weiter unten im Text als Übung vorschlagen wird.

Natürlich sind die Kleinen in ihrer vermeintlich unübersichtlichen, ungeordneten wilden Welt den Großen seit jeher ein Dorn im Auge, wurden und werden mit Regeln und Vorschriften kujoniert, wurden und werden vertrieben und wegkonkurriert, enteignet, vernichtet, was immer mit dem seit Jahrhunderten anhaltenden Allmenderaub einhergeht.

Schon Plato (der immer wieder unangenehm auffällt) wetterte gegen seine Konkurrenten, die im Unterschied zu ihm nichts für einen totalitären Staat übrig hatten, wie uns Horkheimer und Adorno in ihrer „Dialektik der Aufklärung" wissen lassen.

„Die Kyniker bildeten eine Philosophenschule; ihr Begründer Antisthenes hat sogar die Umrisse einer Staatstheorie gezeichnet. Die theoretischen und praktischen Systeme solcher Außenseiter der Geschichte sind jedoch nicht so straff und zentralisiert, sie unterscheiden sich von den erfolgreichen durch einen Schuss von

Anarchie. Die Idee und der Einzelne gelten ihnen mehr als die Verwaltung und das Kollektiv." Und es kommt noch schlimmer. „So fordern sie [die mit dem Schuss Anarchie] *die Wut heraus. Die Kyniker hat der Herrschaftsmann Plato im Auge, wenn er gegen die Gleichsetzung des Amts des Königs mit dem eines gemeinen Hirten und gegen die lose organisierte Menschheit ohne nationale Grenzen als den Schweinestaat eifert."*

Von den Revolutionen enttäuscht

Anarchie ist interessant für alle, die von den vielen Revolutionen enttäuscht sind, weiß James C. Scott. Die Französische Revolution zeitigte namenlosen Terror und am Ende den napoleonischen Staat. In Russland wurde nach der Oktoberrevolution das Proletariat als erstes unterdrückt. Überall wollte man die Brutalität besiegen und wechselte doch nur das Personal und ein bisschen Ideologie. In Maos China starben sie zu zig Millionen. Revolutionäre als Utopisten waren so totalitär wie diejenigen, die sie überwinden wollten. Und so elitär. Auch den Großmeistern der Revolutionen – wie ihren Bewunderern unter den Salonsozialisten und Lifestyle-Linken – galten die einfachen Leute als zu dumm, ihre eigenen Angelegenheiten selbst in die Hand zu nehmen. Alte Hierarchien wurden durch neue ersetzt, alte Ungleichheiten durch neue. Aber das kennt Ihr alle.

Illegal ...

„Bist Du auch nur ein Viertel Anarchist, hörst Du auf, das Wort ‚illegal‘ zu benutzen“, ermuntert uns Mr. Scott. „Frag Dich lieber, wie und warum etwas illegal geworden ist. Was sagt es uns über das Gesetz und wie es geschaffen wurde?“ Legalität dürfe man niemals wörtlich nehmen, nie unhinterfragt als absolute Wahrheit akzeptieren, warnt er. Was, so fragt er, ist denn mit Apartheids- oder Segregationsgesetzen? ... Aktuelle Beispiele kennt jeder selbst zur Genüge. Der Schelmenroman entstand übrigens in einer Zeit, als man in vielen der „zivilisierten“ Ländern Europas das flächendeckende Problem bitterster Armut „löste“, indem man die Armut kriminalisierte – inklusive Folter, Brandmarkung und Todesstrafe. Hexen zu verbrennen, war auch legal. Es war die Zeit der Renaissance.

Genug des Schreckens. Scott erzählt eine launige Geschichte von seinem einjährigen Aufenthalt in Brandenburg in den Neunzigern. Er wollte für einen anschließenden Aufenthalt am Berliner Wissenschaftskolleg sein Deutsch verbessern. In Brandenburg erlebte er, wie die Ureinwohner des Landstrichs selbst abends bei komplett abwesendem Autoverkehr minutenlang an der roten Ampel standen und ihn maßregelten, wenn er selbst nicht auf Grün warten wollte.
„So erfand ich das Scott'sche Gesetz Anarchistischer Calisthenics.“ (Calisthenics sind eine Trainingsmethode, die nur mit dem eigenen Körpergewicht arbeitet.)

„*Einmal im Leben solltest Du ein bedeutendes Gesetz brechen und dafür üben, indem Du alle drei bis vier Tage kleine Gesetze und Regeln brichst, um Dich auf den großen Gesetzesbruch vorzubereiten.*"

Gleich darauf warnt er uns, „jokes aside", nicht einfach auf Teufel komm raus Gesetze zu brechen.

„*Aber Gesetze, die Strukturen von Macht und Eigentum konsolidieren und konzentrieren und die außerdem kontrollieren, sind in vieler Hinsicht illegitim. Sie sollten gebrochen werden.*"

Scott stellte sich vor, seinen deutschen Gastgebern eine kleine Rede zu halten.

„*Wisst ihr, ihr tätet gut an etwas mehr Mut zum Gesetzesbruch. Auch euren Großeltern hätte es gut getan. Eines Tages werdet ihr aufgefordert sein – im Namen der Vernunft und der Gerechtigkeit – ein wichtiges Gesetz zu brechen. Alles wird davon abhängen, und ihr müsst vorbereitet sein. Wie wollt ihr euch auf den Tag vorbereiten, wenn es wirklich darauf ankommt?*

Ihr braucht anarchistische Calisthenics. Brecht jeden Tag ein kleines Gesetz, das ohnehin keinen Sinn macht. Benutzt euren eigenen Kopf zu beurteilen, ob das Gesetz gerecht oder vernünftig ist. Auf diese Weise bleibt ihr fit, und wenn der große Tag kommt, seid ihr vorbereitet."

Was immer Ihr tut oder lasst. Ihr seht jedenfalls, dass man die Anarchie, wie alle anderen guten Dinge auch, einüben kann. Fangt einfach an und schaut Euch bei Gelegenheit auch noch einmal die anderen Einträge im Schelmenhandbuch an. Den eigenen Kopf zu benutzen, gelingt besonders gut zwischen den Stühlen.

Literatur
David Graeber und David Wengrow, The Dawn of Everything
Toronto 2021

David Graeber
Fragments of an Anarchist Anthropology, Chicago 2005

Max Horkheimer, Theodor Adorno, Dialektik der Aufklärung
Frankfurt /M 1968 (orig. New York 1944)

James C. Scott, Domination an the Art of Resistance. Hidden Transcripts, New Haven, London 1990

ders.: Anarchist Calisthenics
https://harpers.org/archive/2012/12/anarchist-calisthenics/

Margaret J. Wheatley, Leadership and the New Science
San Francisco 2006

Beim Berliner Verbrecher Verlag findet man gute Lektüre zur Anarchie, insbesondere auch zu Anarchisten deutscher Sprache.

Gartenbau und Subversion

Wer eine lebendige Pflanze vor sich hat und sich ihr mit Muße widmet, kennt die Stimmen, mit denen die Natur uns ihre Geheimnisse zuflüstert. Die Stimmen, mit denen sie uns die Partnerschaft erklärt, in der alles Gedeihen gelingen kann. Sie erklärt uns auch, dass wir ein Teil von ihr sind und die alten falschen bösen Geschichten von „untertan machen" und Naturberherrschung besser vergessen. So wird das nämlich nichts mit der Tomate des Nachbarn.

Nun, so fragt Ihr gerade, wer will in solchen Zeiten schon etwas über Gärtnern und Natur wissen?
Ich frage Euch: In welchen Zeiten denn sonst?

Aber: Romantische Naturbetrachtung ist eine Sache. Sie kommt auf als Distanzphänomen in der Frühindustrialisierung, ein Phänomen, das in heutiger Zeit häufig als „Urban

Gardening", gar „Guerilla Gardening" daherkommt, aber unter den Händen der ausführenden Hipster so steril und entfremdet ist wie einst die romantische Naturbetrachtung.

Also weg mit der Romantik. Ist auch so gar nicht die Welt der Schelme, die doch stets dem Praktischen zugeneigt sind und alles lieben, was auch nur ungefähr neben der Spur liegt.

Ein Garten braucht Zeit und Geduld. Da fängt es schon an. Alles, was langsam geht, trägt schon den Keim der Dissidenz in sich. Das Gärtnern schult zudem die Fähigkeit, Niederlagen einzustecken. Denn irgend etwas geht immer schief. Natürlich kann man aus Büchern eine Menge lernen. Das Angebot ist riesig und hält für jeden etwas bereit. Aber – so sehr ich Bücher liebe – ein Buch ersetzt nicht die Erfahrung, die Ihr über einen langen Zeitraum sammeln müsst in langen geduldigen Gesprächen mit der Tomate und ihren Nachbarn. Denn ob Ihr es glaubt oder nicht: Pflanzen unterhalten sich auch miteinander. Sie unterhalten sich mit den Tieren aus der Nachbarschaft und stimmen ihre Angelegenheiten aufeinander ab. Wenn Ihr Euch als einen Teil dieses majestätischen Universums betrachtet, werden sie Euch in ihre Überlegungen einschließen, Euch vielleicht ein paar Geheimnisse verraten und Euch mit reicher Frucht und üppiger Blüte belohnen.

Übrigens: Man kann „die" Natur nicht „retten", wenn man all das nicht weiß, wenn man sich stattdessen aufführt wie der Held in schimmernder Wehr, der die Jungfrau in Bedrängnis aus dem Verlies der bösen Monster befreit. Mit gönnerhaftem Gefälle im Blick rettet man gar nichts.

Fensterbank, Balkon, Garten, Feld

Habt Ihr jemals über dieses unglaubliche Wunder nachgedacht, wie aus einem winzigen Samenkorn eine große Pflanze erwächst, an der eine große süße Tomate hängt, die auch dem Nachbarn schmeckt?

Versucht es einmal. Es funktioniert sogar auf der Fensterbank, auf dem Balkon selbstredend auch, nicht zu sprechen vom Garten, in dem sich der müde Rasen beim Eintreffen von Signora Pomo d'Oro bescheiden zurückzieht und ihr das Feld überlässt.

Denken wir einen Schritt weiter. Ihr fragtet nach den Zeiten. Nun, Ihr wisst sicher, dass es überall riesige brachliegende Flächen mit guten Böden gibt, die niemand so richtig kennt. Es ist ebenfalls eine bekannte Tatsache, dass in „Failed States" der Informelle Sektor blüht. (s.a. Schelmi Business)

Das Versagen staatlicher Institutionen (über die Politiker müssen wir nicht mehr reden) führt dazu, dass Menschen ihre Angelegenheiten selbst regeln, indem sie zum Beispiel zusammen mit dem Nachbarn Tomaten anzubauen, die in ausreichender Menge im Konzert mit Rübe, Knolle, Korn und Kernobst ein schönes Auskommen bilden können. Natürlich müsst Ihr Euch auch mit Lager- und Einlegetechniken vertraut machen. Getrocknete Bohnenkerne halten lang ebenso wie köstliche getrocknete Apfelringe.

Indianerbeet

Oder wie wär's für den Anfang mit einem Indianerbeet? Es ist ein hervorragendes Beispiel dafür, was für großartige Dinge geschehen, wenn man dafür sorgt, dass die Pflanzen sich gut miteinander unterhalten können.

Die Gemüsepflanzen der Indianerbeets sind Mais, Bohnen und Kürbis. Man nennt sie auch die „Drei Schwestern", weil sie sich gut verstehen und so perfekt zusammenarbeiten, dass man sich, so man keine Fehler gemacht hat, in Ruhe mit einem hübschen Strohhut und einem kleinen Gläschen zurücklehnen kann.

Der Mais dient den Bohnen als Rankhilfe. Die Bohnen binden Stickstoff im Boden, den wiederum die Starkzehrer Mais und Kürbis gut gebrauchen können. Der Kürbis dient als Mulch für seine beiden Schwestern und schützt das Erdreich vor Austrocknung. Ist das gut?

Warnhinweis: Nicht geeignet für Personen mit neurotischen Ästhetikvorstellungen im Garten.

Ein anderes Leben

Dies nur als kleiner Denkanstoß. Vielleicht auch dafür, sich möglicherweise zu einem anderen Leben hinzudenken, das jenseits nihilistischer Raserei und steriler Beliebigkeit einmal die eigene Bedürfnisstruktur (und natürlich auch die des Nachbarn) durchleuchtet. Das wäre ein erster Schritt. Man kommt nämlich mit ziemlich wenig aus, wenn man es nur richtig anfängt. Und wenn man sich klug mit dem Nachbarn und seiner Tomate abstimmt, hat man nach der Ernte vieles zu tauschen, so dass jeder mit dem Nötigsten versorgt ist.

Um auch hier klarzustellen: Ich schließe mich nicht den Verzichts- und Durchhalteparolen der Politiker an, die ihren Freunden unter den Salonsozialisten und Hipstern raten, doch einmal für eine Zeit statt Illy-Espresso nur noch den günstigeren von Lavazza zu kaufen, bis die Panzer abbezahlt sind. Zum Ausgleich für diese heroische Askese versprechen sie ihnen einen kräftigen Zugewinn an Moralität – während sie das Elend unendlich vieler Menschen schulterzuckend in Kauf nehmen. „Kann man nix machen ... die Moral ...“

Erwähnte ich schon, dass Schelme nicht einfach nur eine natürliche Affinität zum Reich der Natur haben? Vielmehr sind sie selbst Natur wie die Wilde Frau, der Wilde Mann, der Mensch, der Rabe, der Coyote und natürlich die Tomate, der Kürbis, die Bohne, der Mais ...

Nachdem sich die meisten Parke der Umgebung nach „Renovierungen“ in sterile Ödnisse verwandelt haben oder in Mischungen aus Golfplatz und Friedhof, sammele ich Samen ansehnlichen „Unkrauts“ und verteile sie großzügig auf den darbenden Flecken Erde. Sie werden mit großer Dankbarkeit entgegengenommen, übrigens auch von Bienen, Vögeln und Regenwürmern. (Haben sie mir gesteckt.)

Humor ist, wenn man trotzdem lacht
Oder was die Entstehung des Schelmenromans mit Krieg und Armut zu tun hat

Fragt man die Leute, was ein Schelmenroman ist, halten die meisten ihn für eine Sammlung lustiger Späße und Streiche. Tatsächlich ist der Schelmenroman eine ernste Sache.

„Die Welt ist nicht genug - Non sufficit orbis" war der Leitspruch Philipps II. von Spanien, der eine erstaunliche Bilanz als Dieb, Mörder, Ausbeuter, Unterdrücker, Verschwender und am Ende gescheiterter Bankrotteur vorzuweisen hatte. Schäferidylle und Ritterstolz sind die literarischen Lieblingsgenres dieser Zeit, bis 1554 eine gänzlich andere Figur erscheint.

Der Lazarillo ist ein Vorläufer des weitaus berühmteren, berdauernswerten Don Quixote (1605 und 1615), der Ritterroman und Wahrheit miteinander verwechselt und so zur lächerlichen Figur wird.

Lazarillo ist etwas anderes. Er erzählt die Geschichte einer verhungernden Familie, die kaum die Kraft zu überleben hat und von Folter, Vertreibung und Tod bedroht ist. Im vermeintlich lichtdurchfluteten Europa der Renaissance bilden Armut und Hunger soziale Verwerfungen unbeschreiblichen Ausmaßes. Pierre de l'Estoile berichtet von Menschenmassen in Paris, die nur noch Bilder des Todes sind. Papst Sixtus V. beklagt sich über das Wehgeschrei der Bettler in Rom, die wie rohe Bestien umherzögen und sogar die Kirchen nicht mit ihrem Klagen verschonten.

Der fromme Adel lebt von Ausbeutung, Diebstahl und Landraub. Verhungernde und kranke Menschen strömen in Massen in die Städte, nachdem sie ihres Eigentums und ihres Lebensunterhalts beraubt worden waren. Die „Lösung" sind Dekrete zur Vertreibung der Armen, Bettelei und Landstreicherei werden unter Strafe gestellt.

Der Lazarillo ist eine Art Autobiografie eines dieser verhungernden Bettler. Er quittiert die Schäferidyllen, Ritterromane und die Heuchelei der frommen Christen mit beißendem Sarkasmus.

Mit dem Lazarillo, dem Werk eines unbekannten Verfassers, kommt der Picaro in die Welt und zieht durch ganz Europa. Die erste englische Übersetzung des Lazarillo kommt 1568 heraus. In der Folge erscheinen zahlreiche „Jest Books", zumeist anonyme Sammlungen von Schwänken und Streichen.

Als erster englischer Schelmenroman gilt jedoch „The Unfortunate Traveller" von Thomas Nashe, erschienen 1594. Wie schon in der zuvor erschienenen „Anatomy of Absurdity" geht es um die Enthüllung zeitgenössischer Missstände. Der Ich-Erzähler, der mittellose Pierce Penniless, sieht sich gezwungen, den Teufel um finanzielle Unterstützung zu bitten, was er mit einer Klage gegen Geiz, Habsucht und andere Todsünden verbindet.

Ein paar Jahrzehnte zuvor, 1566, hatte Thomas Harman „A Caveat for Common Cursitors", als „Enthüllung" über das geheime Leben der Gauner und Diebe herausgebracht. Die Rogue Literature zeichnet die Welt der Armen als Nation in der Nation, ihre Bewohner bösartig und heimlich reich und Meister der Täuschung, in geheimer Sprache Missetaten verabredend, so dass das gaffende Publikum sich wohlig gruseln kann, moralisch auf der sicheren Seite ist und sich niemand mehr um die Probleme der Armen kümmern muss. Tatsächlich sind sie umgeben von bitterster Armut. Verhungernde Menschen betteln in den Straßen oder ziehen von Gemeinde zu Gemeinde, um bezahlte Arbeit zu finden. Die Regierung ihrer allerchristlichsten Majestät Elisabeth I. findet eine ähnliche Lösung wie die Kollegen in Spanien. Die Armut wird auf unvorstellbar brutale Art kriminalisiert, Landstreicherei und „Herumlungern" (oder was man dafür hält) werden mit dem Tode bestraft. Bücher wie die von Harman helfen, Stimmung zu machen. Natürlich enthüllen sie mitnichten eine geheime Welt. Sie erfinden eine und kostümieren die Armut als Spektakel für die Selbstgerechten.

(Am Rande: Harmans Buch wird hier und da bis heute als herausragendes Werk früher Soziologie gelobt. Ein Schelm, wer Parallelen zu heutiger Berichterstattung sieht?)

Kein Wunder, dass der arme Pierce Penniless sich in seiner Not an den Teufel wendet.

Hierzulande

Eulenspiegel und Simplicissimus sind hierzulande sicher bekannter als Lazarillo, Pierce Penniless oder – das französische Beispiel – François Rabelais' „Gargantua et Pantagruel", das wie der Don Quixote den Ritterroman karikiert.

Auch sie sind satirische Sittengemälde und Typenrevuen, auch sie nehmen die Missstände ihrer Zeit aufs Korn.

Der Eulenspiegel erscheint 1510 und wird schnell zum Bestseller. Der Witz des anarchischen Schalks liegt darin, Metaphern wörtlich zu nehmen. Eulenspiegel hat es besonders auf Magistrate, Pfaffen und Gelehrte abgesehen. Und was könnte besser geeignet sein, ihre Heuchelei und Anmaßung zu offenbaren, als ihre Reden wörtlich zu nehmen und so vom Kopf auf die Füße zu stellen? Einmal gibt Eulenspiegel sich als großen Gelehrten aus, ein anderes Mal als Doktor, schafft so eine verkehrte Welt, in der der Schelm immer die Oberhand behält und die „feinen Leute" und die „klugen Köpfe" am Ende die Deppen sind.

Reichlich später, nämlich 1668, betritt Simplicius Simplicissimus die Bühne. Hans Jakob Christoffel von Grimmelshausen schickt den Vaganten und „Leutbetrüger" in die Hölle des Dreißigjährigen Krieges. Als zehnjähriges Kind muss er mit ansehen, wie eine Horde Soldaten ins Dorf einfällt, Frauen vergewaltigt, Männer ermordet und Höfe niederbrennt. Das Kind flieht zu einem frommen Einsiedler, der ihm den Namen Simplicius gibt und zu christlicher Frömmigkeit erzieht. Nach dem Tod des Einsiedlers zieht er in die weite Welt und fragt sich, wo all das wohl sei, was er gelernt hat. Statt Barmherzigkeit und Nächstenliebe findet er Gewalt und Grausamkeit im Namen des Glaubens. Am Ende wird er selbst zum Einsiedler.

Heutzutage

Heutige Parallelen zu Harmans „Caveat", dessen erfundenes Sittenbild von den Schelmenromanen ins richtige Licht gerückt wird, sind schon kurz erwähnt. Legendenbildung über Welten, die man nicht kennt, ist in den Kreisen der Selbstgerechten und moralisch Hochbegabten nach wie vor eine beliebte Beschäftigung. In einer Welt, in der die Armut kriminalisiert wird, machen solche Werke Menschen, die durch brutale Habgier einiger Weniger ihrer Lebensgrundlage beraubt werden, *safe to hate*. Ein dysfunktionales und brutales Wirtschaftssystem, bewohnt von Raubrittern, korrupten Magistraten und Gelehrten, die gern mit den großen Jungs spielen (aber nicht einmal eine Eulenspiegelei erkennen) drängt Menschen an den Rand, bemächtigt sich der Allgemeingüter und privatisiert sie – und privatisiert sie immer weiter. Die Großen fressen die Kleinen ganz locker, wenn man Bedingungen schafft, die den Kleinen den Garaus machen. Deformierte Kriminelle, denen „die Welt" nicht genug ist, sorgen dafür, dass Armut und Hunger immer weiter auf dem Vormarsch sind. Neu sind diese sozialen Verwerfungen schon lange nicht mehr, schon gar nicht in den vermeintlich reichen Ländern.

Aber anstatt hinzusehen, liest man lieber die Harmans und ihre heutigen Epigonen, die den Rauchschirm immer dichter ziehen, zettelt sinnfreie Scheindebatten an, schwelgt in Prinzipienmoral, erzieht ein bisschen an den fehlgeleiteten und unverständigen Unterklassen herum, um konsequent von den wirklich drängenden Problemen abzulenken. In der immer weiter sich öffnenden Schere zwischen Armut und Reichtum und in einer geradezu monotheistisch anmutenden Wahrheitskultur sind „Rechte" und „Demokratie" nur noch ein grotesker Spott.

Nicht zu vergessen: Wir wollen mit den Philipps und den Elisabeths dieser Welt nicht allzu hart ins Gericht gehen. Wie sollten sie sich auch um die Sorgen und Nöte ihrer Untertanen kümmern? Sie hatten Wichtigeres zu zun. Sie mussten Krieg führen.

Was denkt Ihr? Zeit für neue Schelmenromane?

Literatur

Matthias Bauer, Der Schelmenroman, Stuttgart, Weimar 1994

François Rabelais, Gargantua und Pantgruel, Fünf Bände 1532 bis 1564

La vida de Lazarillo de Tormes y de sus fortunas y adversidades, o.O. 1554

Miguel de Cervantes Saavedra, Don Quijote. Der sinnreiche Junker Don Quijote von der Mancha, Düsseldorf 2003, Orig. 1605 und 1615

Hermann Bote, Ein kurzweiliges Buch von Till Eulenspiegel aus dem Lande Braunschweig, 1510
Andreas Gryphius, Horribilicribrifax Teutsch (Der schreckliche Siebmacher), o.O. 1663

Hans Jakob Christoffel von Grimmelshausen, Der Abenteuerliche Simplicissimus Teutsch , o. O. 1668, Continuatio 1669
Zwei Beispiele moderner Schelmenromane:

Joseph Heller, Catch 22, New York 1961

Ken Kesey, One Flew Over the Cuckoo's Nest, New York 1962

Nachbemerkung: Selbstverständlich existieren noch sehr viel mehr Schelmenromane und Schelmengeschichten. An dieser Stelle wollen wir uns aber kurz fassen. Mehr zum Thema gibt es an vielen Orten und Stellen der Schelmenrepublik. Nur noch ein wenig Geduld.

Macht mehr Theater – Das Spiel der Zivilisation

Ich habe keine Ahnung vom zeitgenössischen Theater, also von dem, was man gemeinhin der sogenannten Hochkultur zurechnet. Ich lasse mir aber sagen, dass es wohl fürchterlich sei.

Vor Jahren machte ich einen Kurs in Schauspielerei, nicht um Schauspielerin zu werden, sonden um meinen Horizont zu erweitern. Womöglich war es auch schon einer der ersten Schritte ins Schelmenwesen. Der Kurs hat mir immerwährenden Respekt vor der Kunst und dem Handwerk der Schauspielerei abgenötigt.

„Mach nicht so viel Theater", hört man. Und da denke ich mir, wir sollten viel mehr Theater machen. Es ist schon ein paar Jahrzehnte her, dass der Soziologe Richard Sennett zurecht den „Zerfall des öffentlichen Lebens" und die „Tyrannei der Intimität" beklagte. Die Folge – heute mehr denn je zu beobachten – ist die „psychomorphe Gesellschaft", in der psychische Transaktionen grotesk überbewertet werden ... schau, wie ich fühle. Der öffentliche Raum stirbt mehr und mehr ab, „Werte" und „Moral" ersetzen die Politik als plebejische Institution.

In Zivilisationen definiert und verleiht die Gruppe den Status – bei ausgesprochen weit gefasster individueller Freiheit. Das wissen wir u.a. von Paul Radin, einem Ethnologen, der schon vor mehr als 100 forderte und praktizierte, was heutigen Weltrettern partout unmöglich zu sein scheint, nämlich die „Wilden" für sich selbst sprechen zu lassen. Um „Person" geht es dabei nicht. Der Status ist eine Position in einem Gefüge, nicht in einer vertikalen Hierarchie, die in zahllosen zivilisierten Gesellschaften ohnehin keine besonders große Rolle spielte.

Die Vorstellung, Person und Position könnten miteinander kollidieren, ja einander ausschließen, ist nur möglich in ebenjener psychomorphen Gesellschaft, die genuine Aspekte menschlichen Lebens gegeneinander in den Krieg schickt. Die Position, nennen wir es versuchsweise auch schon einmal „Rolle", wird zum Todfeind der Person erklärt. Das alte *theatrum mundi*, die Metapher von der Welt als Bühne, hat ausgedient.

Rousseau, ein ziemlich misogyner Neurotiker aus dem calvinistischen Genf, den es in Paris grauste und der nicht müde wurde, gegen die Theater, die Schauspielerei, den Kosmopolitismus, die üppigen Damen und das pralle Leben zu wettern, fand, „psychologisch authentische Beziehungen" (Sennett) könne „der" Mensch (drunter machte er's nicht) nur dann entwickeln, wenn er sich politischer Tyrannei unterwürfe. (Wolltet Ihr gerade sagen, dass Euch da etwas bekannt vorkommt?)

Nun ist bekannt, dass Rousseau sich den nordamerikanischen Indianern zuwandte, die zu seiner Zeit gerade modern waren. Er bewunderte ihre angebliche Askese und ihren angeblichen Naturzustand (eine Erfindung, die grauenhafte Folgen hatte), mit anderen Worten, er hatte nicht die geringste Ahnung, wovon er überhaupt sprach. (s.a. „Hütet Euch vor Helden")

Zivilisation oder psychomorphe Gesellschaft

In Zivilisationen ist der Status, die Position, die Rolle einer Person immer eine öffentliche Angelegenheit, da, wie gesagt, der Status von der Gruppe verliehen ist. In der Öffentlichkeit ist der Mensch ein Schauspieler. Die Person war hingegen zu keiner Zeit und bei keiner Gelegenheit eine öffentliche Angelegenheit. Diese Art der Barbarei mutet man sich in Zivilisationen nicht zu, und der Realität wird nicht zugemutet, einzig und allein als Medium des Selbstausdrucks und der Selbstvergewisserung der Person zu dienen. Man käme auch nicht im Traum darauf, politische Kategorien in psychologische zu verwandeln, weil eine Ideologie der Intimität und der „Authentizität" das so möchte.

Was dabei herauskommt, ist das Ende jeglicher Politik in der Wertegrabbelkiste und das große Sich-Gehen-Lassen als

Ausdruck angeblicher Befreiung der Person. Ich gehe ungewaschen auf die Straße, weil ich mich so fühle. Die Zumutung für meine Mitmenschen spielt dabei keine Rolle. Und wehe, jemand zweifelt an meiner überlegenen Moral. Das Ende des öffentlichen Lebens.

Wir leugnen, so Sennett, *„jene Wahrheit, die einmal Grundlage öffentlicher Kultur war: Aktiver Ausdruck erfordert menschliche Bemühung. Zivilisiertheit herrscht dort, wo man nicht das eigene Selbst zur Last für andere macht."*
Zivilisation ist da, wo Menschen Politiker schätzen, die ihre Rolle und ihre Position kennen – und nicht diejenigen, die irgendwelche Regungen zeigen, egal wie banal sie sind und die dann für „Authentizität" gelobt werden. (Übrigens ist die ‚affektische Ansprache' ein altes rhetotisches Mittel, das zu nichts anderem dient, als das Publikum zu manipulieren. Szenischer Einstieg, am besten mit Kind, emotional überbelegte Adjektive, die persönliche Betroffenheit suggerieren sollen und ein überzeichnetes Gut-Böse-Schema und fertig ist der „authentische" Auftritt. Das richtige Gesicht dazu kommt vom PR-Berater.)
Nun, diese Art von Schauspielerei ist selbstredend nicht gemeint. Sie schadet anderen. Umso mehr, je mehr das Vertrauen in die öffentlichen Institutionen zurecht schwindet und die gefühlige Wärme bei „echten" Menschen unter den Politikern gesucht wird, weil man andere Bezüge und zivilisatorische Notwendigkeiten überhaupt nicht mehr kennt. Ein gefährlicher Weg.

C. Wright Mills, unvergessen, mahnte schon 1946: *„Je mehr die Menschen ihre soziale Stellung aus dem Zusammenhang ihrer Persönlichkeit deuten, desto weniger vermögen soziale Ungerechtigkeiten sie zum Handeln zu veranlassen oder auch nur Zorn bei ihnen hervorzurufen."*

Schelmentheater

„Yes Men" heißt eine Gruppe begabter Schelme, die allzu leichtgläubige Angehörige aller möglichen Eliten mittels wohl kalkulierter Schauspielkunst und mit klassischem Schelmenhandwerk hinter die Fichte führt. Die Yes Men nutzen das Mittel der Übertreibung, wenn sie beispielsweise aberwitzige ökonomische Positionen zum Besten geben oder falsche Pressekonferenzen als angebliche Firmenvertreter durchführen. Ein Blick auf die Seite lohnt unbedingt. https://theyesmen.org/

Sie tun dabei genau dasselbe, was die gute Lügengeschichte tut. Sie bewegen sich elegant am Rand des Wahrscheinlichen entlang und setzen gut gewählte Mimikry ein. Oft genug reichen Anzug oder Kostüm und ein enstprechendes Arsenal an Business-Kauderwelsch und Plastikwörtern, um das Theaterstück zu einer runden Sache zu machen. Insgesamt schlüpfen sie damit in die klassische Rolle des Schelms, der der Gesellschaft den Spiegel vorhält, wenn sie sich vergalloppiert. Konformistisches Rollenspiel ist Schelmen seit jeher ein Leichtes. Sie sind klug und zivilisiert genug, Person und Rolle nicht miteinander zu verwechseln oder miteinander verschmelzen zu wollen, um „authentisch" zu werden. Auch die alt bewährte Theatersprache Chamäleonitisch ist ihnen wohl vertraut. So umgehen sie die Zensur der Selbstgerechten und moralisch Hochbegabten, für die – wie für ihren Helden Rousseau – Theater (es sei denn, es ist hochkulturell eingehegt) nichts als Teufelszeug ist.

Es tut uns ja schrecklich leid. Aber genau aus diesem Grund ist es genau diesen „echten", „authentischen" gefühligen Personen unmöglich, einen Schelm auch nur ungefähr zu erkennen. Mit der Schauspielerei als Kunst des öffentlichen Lebens ist es wie mit der Rhetorik. Wer sie nicht kennt und ihre Wirkungsweise nicht versteht, ist Manipulationen – und natürlich Schelmenstreichen – hilflos ausgeliefert.
Obwohl ... nein, tut uns nicht leid.

Im Stück „Glauben Sie ja nicht ... Raus aus der eigenen Haut" findet Ihr Hinweise für den erfolgreichen kleinen Rollenwechsel inkl. Horizonterweiterung.

Literatur und Link

Richard Sennett
Verfall und Ende des öffentlichen Lebens: Die Tyrannei der Intimität
Frankfurt a.M. 2004

Paul Radin
Gott und Mensch in der Primitiven Welt
Zürich 1952

C. Wright Mills, The Power Elite, o.O. 1956

https://theyesmen.org/

Schelmi Business

In gewisser Weise – auch in geschäftlichen Dingen – profitieren Schelme ja immer von dem, was man Staatsversagen oder Versagen der Institutionen nennt (Ich vermute stark, solche Formulierungen sind eine „Verächtlichmachung" und „Delegitimierung" des Staates ... :-)).

Staatsversagen tritt regelmäßig dann ein, wenn mit staatlicher Hilfe die Heuschrecken einfallen, wenn Milliarden Überstunden unbezahlt bleiben, wenn der Staat selbst einen Niedriglohnsektor schafft und auch noch stolz darauf ist, dazu kommen zahllose prekäre Arbeitsverhältnisse ... Nein, anders ... Überall da, wo der Staat und seine Institutionen versagen, weil die Staatsfeinde in der Regierung sitzen, wo er den Heuschrecken das Land zum Fraße vorwirft und ihnen dabei hilft, besagten Staat bzw. dessen gebeutelte Steuerzahler zu betrügen, wo der Gesellschaftsvertrag aufgekündigt wird, entsteht ein schöner großer bunter Informeller Sektor. Böse Zungen nennen so etwas „Schattenwirtschaft", unter anderem, weil der Informelle Sektor die statistische Erfassung jeglicher Art vermeidet. Nur kein Neid.

Selbstversorgung in Gärten, auch in gemeinschaftlichen, ist schon lange ein Thema. (Die Literatur ist zahlreich und leicht zu finden.) Baut aber nicht alle dasselbe an, sprecht Euch ab und dann tauscht. Zieht in Erwägung, die Stadt zu verlassen, nachdem die Städte nach dem Einfall von mehr und mehr Heuschrecken immer unwirtlicher werden. Hipsterkompatibles „Urban gardening" ist in der Regel ideologie- und moralbeladen und wenig nachhaltig, weil Hipster sich erfahrungsgemäß schnell langweilen. Da loben wir uns die ganz normalen Kleingärten. (s.a. „Gartenbau und Subversion")

Bartern

Füreinander arbeiten oder Waren tauschen, ohne dass Geld fließt, nennt man Tauschgeschäft oder Barter. Täuscht Euch nicht und glaubt, das seien nur kleine Mücken. Wir reden von dreistelligen Milliardensummen, die hier bewegt werden. Selbstredend ist im Informellen Sektor alles billiger.

Zur Beachtung: Staatlich geduldete und unterstützte Heuschrecken nutzen häufig Regelungslücken, um uns alle zu betrügen und um sich zu bereichern. Das meinen wir nicht, wenn wir davon sprechen, Regelungslücken fantasievoll zu nutzen. Subsistenzwirtschaft mit Eigenanbau und Tausch von Produkten und Dienstleistungen kann in Krisenzeiten und in Zeiten des Niedergangs ein Lebensretter sein. Wenn es hart auf hart geht, sind wir diejenigen, die überleben.

Bildet Netzwerke und Interessengemeinschaften. Das ist heute wirklich leicht. Das online zu tun, ist aber nur der Anfang. Der Mensch ist ein analoges Wesen. Die Bildung informeller Netzwerke, auch fürs Geschäft, blüht. Crowdfunding unter Gleichgesinnten ist eine prima Alternative zu anderen Arten der Finanzierung. Helft Euch gegenseitig. Meidet die offiziellen Systeme, wo immer es geht – in informellen Bankensysteme wird zum Beispiel von privater Hand Geld verliehen. Bestimmte Ressourcen können ganz gezielt und effektiv genutzt werden, wohlstandsfördernd und losgelöst von staatlichen Einflüssen wie Steuer- oder Sozialversicherungssystemen und anderen Organisationen und Behörden, die ohnehin zunehmend dysfunktional werden.

Scheitern

Man sagt immer, in „diesem unserem Lande" gäbe es keine ordentliche Fehlerkultur. Das stimmt. Wer als Schelm oder Schelmadept in die Welt geht, wird Ressentiment erleben. Ich habe es erlebt, als ich eine „sichere", aber enge Struktur verließ, in der ich bis zum Sankt Nimmerleinstag hätte arbeiten können. Es gab nicht etwa Glück- und Erfolgswünsche.

Nein, es gab Häme, es gab Hinweise auf baldiges Scheitern, vorgetragen in einer Art, als wünschten sie nichts sehnlicher, als dass genau das einträfe. Abgesehen davon, dass man unter Scheitern alles Mögliche verstehen kann (für mich wäre der Verbleib in der Struktur Scheitern gewesen), rechnet damit, dass Euch Steine in den Weg gelegt werden, dass es schwierig sein kann, dass der Mut Euch verlassen kann. Tut es trotzdem. Und orientiert Euch besser nicht an der viel gehypten StartUp-Kultur. Sie besteht zu einem wirklich großen Teil aus Firlefanz. Es sei denn, Ihr haltet das Überangebot an „Apps", die helfen, einen Parkplatz zu finden oder Euch daran erinnern, nicht so viele Apps zu benutzen, für den Gipfel menschlicher Schöpferkraft. (s.a. „Selber leben") Im Übrigen sind die viel bewunderten „Silicon Valley"-Vorbilder schon lange zur dunklen Seite übergelaufen.

Autonomie

Jeder, wie er möchte, keine Frage. Wer Freiheit und Verstand für die – inzwischen überall prekäre – Sicherheit einer Struktur opfern möchte, soll das tun. Hier lohnt aber eine Überlegung, was genau man alles unter Sicherheit verstehen kann. Ich lasse das hier mal offen. Denkt gefälligst selber nach.
Einer der wichtigsten Punkte in all diesen Prozessen ist: Überlegt einmal was – genau – Ihr wirklich braucht. Die bekanntermaßen extrem beschränkten Ökonomen geraten seit jeher in Schnappatmung, wenn sie erleben, dass Menschen nur so viel arbeiten, wie sie gerade zum Leben brauchen – anders als

die armen Tropfe im grotesken Suchtsystem des Firlefanz-
Kapitalismus. Wo immer das Leben und Arbeiten hart war
oder, nahm man es in Kauf, solange eines gewährleistet war:
Das Zauberwort ist Autonomie. Für Autonomie nimmt man
vieles in Kauf, auch wenn es manchmal eng werden kann.
Eine wichtige Voraussetzung ist, dass man nicht zu denen
gehört, die vor lauter Gehorsams- und Unterwerfungslust frei
nach Heinrich Heine den Stock schlucken, mit dem man sie
prügelt.

Der Informelle Sektor

In sehr vielen Ländern macht der Informelle Sektor übrigens
die Hälfte bis mehr als zwei Drittel des Lebens und des
Wirtschaftens aus. Es sind zumeist Länder, deren ursprüng-
liche Kulturen mitsamt ihren Organsiationen und Institutionen, ihren mitunter genialen politischen Regelwerken und
vielen ihrer Menschen von frommen Kolonisatoren auf
Zivilisationsmission zerstört und ermordet wurden. Sie zer-
störten, ohne etwas wirklich Neues zu schaffen, weil die
Kolonialinstitutionen stets nur der Ausbeutung dienten, auch
wenn es sich um sogenannte Siedlungskolonien handelte.
Entstehendes Chaos gedachte man ohnehin, zum eigenen
Vorteil zu nutzen.

Aber so weit müssen wir gar nicht schauen. Auch in den
sogenannten reichen Ländern ist der Anteil des Informellen
Sektors auf 15 Prozent gestiegen, Tendenz weiter steigend.

Die mutwilligen Verwüstungen der neoliberalen Jahrzehnte und die inzwischen extreme Spreizung der Schere zwischen Arm und Reich, immer schön eingerahmt von willfährigen Staaten und ihren „Regierungen" – tun ein Übriges, dieser Entwicklung Vorschub zu leisten. Und da man auch in Zeiten institutionenellen Versagens, der Zerstörung der Infrastruktur in der Fläche und offen zur Schau gestellter krimineller Korruption alles dafür tut, dass Menschen noch ärmer werden, noch mehr Jobs prekär werden, die noch schlechter bezahlt werden, noch mehr Überstunden nicht bezahlt werden, dass Preise für das Nötigste durch die Decke gehen, dass die Heuschrecken sagen dürfen, wo's langgeht und die Obrigkeit Land und Leute einer abstrakten Prinzipienmoral opfert und sich von „Freunden" erpressen lässt, die das Gegenteil davon sind ... wäre ein schöner bunter Informeller Sektor doch eine prima Alternative.

Und wieder: Es ist die Zeit der Schelme. Man kann die Probleme nicht mit dem Denken lösen, aus dem sie erst entstanden sind. Schaut noch einmal zwischen die Stühle. Das Dritte ist immer gegeben. („Zwischen allen Stühlen")

Literatur und Links

https://www.accesstoland.eu/
https://www.selbstversorger.de/
https://graswurzle.ch/
https://de.wikipedia.org/wiki/Liste_von_Internet-
Tauschb%C3%B6rsen

(Eine Liste mit Tauschplattformen, auch zur Anregung)

Literatur
Joe Moran
If You Should Fail. A Book of Solace
London 2020

Silke Helfrich und Davis Bollier
Frei, fair und lebendig. Die Macht der Commons
Bielefeld 2019

James C. Scott
Domination and the Arts of Resistance: Hidden Transcripts
 Yale University Press 1990

Hütet Euch vor Helden

> Für einen toten Mann macht es nicht den
> geringsten Unterschied, wer den Krieg gewinnt.
> Joseph Heller, Catch 22

> Der Glaube an eine größere und bessere Zukunft ist einer der
> mächtigsten Feinde gegenwärtiger Freiheit.
> Aldous Huxley

Wenn Ihr aus dem Fenster seht und grasende Schafe, muhende Kühe, zwitschernde Vöglein, fruchtstrotzende Bäume, sanfte Hügel und blühende Wiesen entdeckt, kann es natürlich der Fall sein, dass Ihr zufällig gerade in einer schönen Gegend seid. Wahrscheinlicher ist aber, dass Ihr unter Heldenvergiftung leidet. (Nur, damit keine Missverständnisse aufkommen: Die heroische Kitschromantik kann genau so gut aus einem düsteren Schrottplatz mit rostigen Roboterteilen, Schmierölpfützen und dahinwehenden Papierfetzen bestehen. Das sind allenfalls graduelle Unterschiede.)
Beide Szenarien deuten auf eine tragische Periode hin, in der

das überstarke Bedürfnis aufkommt, Gutes tun und die Welt retten zu wollen. Man produziert eine Krise, schlägt sich die Hand an die sorgenvolle Stirn und ruft die Helden zusammen. (Die dann auch oft etwas mit Militär zu tun haben.) Als Schelme sind wir auf der Hut und denken uns: „Rettet uns vor denen, die die Welt retten wollen.“

In heroischen Zeit regiert die Moral, die für alle, die sich mit ihr einlassen, eine trügerische Verbündete ist. Denn die Moral der Helden und der Pastoren ist streng und unnachgiebig, ja sogar grausam. Sie suhlt sich in pathetischer Unmenschlichkeit (Max Weber), schlägt jede lebendige Moral des Menschenmöglichen aus dem Feld und geht über Leichen. Sie ist abstrakt, steril und leblos. Starker Tobak, ich weiß.

Aber kann mir jemand erklären, warum irgendjemand für abstrakte Prinzipien sterben soll? Warum ich ein Ziel verfolgen soll, das gar nicht meines ist und auch nicht das meiner Leute? Oder anders gefragt: Wer hat was davon, wenn ich das tue?

Luftmoral

Der tagische Held lebt in der Überzeugung, der Mensch und noch mehr der Held sei den Naturgesetzen nicht unterworfen. Er bewege sich vielmehr in einem Paket vollkommen außer- und übernatürlicher moralischer Gesetze. Das Dumme ist nur, dass diese Gesetze vollkommen aus der Luft gegriffen sind. Sie haben weder zum Leben noch zur Wirklichkeit irgendeine Verbindung. Deshalb ist die tragische Literatur voll von Gezänk zwischen natürlichem und moralischem Gesetz. Würde der tragische Held den Naturgesetz folgen und überleben wollen, bräche er das abstrakte moralische Gesetz und lüde schreckliche Schuld auf sich.

„Das eine aber seh ich und erkenn es klar: Das Leben ist der Güter höchstes nicht, der Übel größtes aber ist die Schuld", erklärt allen Ernstes ein schwäbelnder pietistischer Idealist in einem Stück namens „Die Braut von Messina". Überflüssig zu erwähnen, dass wir das als ausgesprochen unfromme Schelme anders sehen.

Der Idealismus platonischer Art als Quelle der tragischen Ideologie ist in der Tat eine sehr gefährliche Sache. Denn Zerstörung von Feinden und die stolze Eroberung der Natur sind weit davon entfernt, dem eigenen Leben irgendeine Art von Bedeutung und Sinn zu geben. Derlei wichtige Dinge findet Ihr in den weiten unübersichtlichen Falten des chaotischen Universums, das Dichotomien dieser Art wie Freund-Feind, Gut-Böse, Held-Bösewicht rundheraus ablehnt. Ihr könnt nachfragen.

Natur – Kultur – Hamlet

Und dann haben wir da noch so einen Irrtum, weit verbreitet in, nein Grundlage aller idealistischen Philosophie und der allermeisten Wissenschaften. Sie stimmen darin überein, dass alles, was edel und gut im Menschen ist, von seiner geistigen, nicht-tierischen Beschaffenheit herrühre. Alles Instinktive und von den nicht-menschlichen Vorfahren Geerbte sei hingegen nicht nur als wertlos, sondern bestialisch und böse.

Es ist genau umgekehrt.

Joseph Meeker, Humanökologe und Literaturwissenschaftler, beschreibt in seinem Buch „The Comedy of Survival" den Fall Hamlet. Hamlet soll gezwungen werden zu töten. Er soll seinen vom eigenen Bruder ermordeten Vater rächen, weil der tragische Heroismus der kulturellen Tradition es so vorschreibt. Aber immer wieder zögert er, sein menschlicher Instinkt will ihn hindern zu töten. Er spielt den Verrückten und haut ab.

Es ist die Kultur, nein, es sind bestimmte Kulturen, die Menschen zu Bestien machen, nicht die Natur. Es sind die Helden, die berserkern, um ihren abstrakten Idealen nach-zukommen, nicht die Schelme, die sich durchwurschteln, so wie alles Natürliche es seit jeher getan hat.

Naturzustand und andere Märchen

In der Natur gab es nie einen Kampf ‚red in tooth and claw', wie einmal ein Dichter glaubte, meinen zu müssen. Die Evolution, zeigt uns Meeker (unter vielen anderen) war kein Kampf auf Leben und Tod, sondern wie das Leben auch immer nur ein sich Durchwurtscheln (muddling through). Das böswillige Missverstehen Darwins spielte stets nur gewissen Interessen aufs Blatt.

Hobbes tat mit seiner Fantasie vom „Krieg aller gegen alle"

nichts anderes, als die schweren Defizite seiner eigenen Kultur „der" Natur „des" Menschen anzulasten, um das eigene kulturelle Versagen zu vertuschen und die Zwangsregime zu rechtfertigen, die man den Menschen und der Natur auferlegte. (Tatsächlich beschreibt der „Krieg aller gegen alle" die Zustände des zu Hobbes' Zeiten zerrütteten und verwahrlosten England.)

Menschen sind nicht „von Natur aus" böse. Alles in allem trifft eher das Gegenteil zu, wie wir längst wissen. Wir wissen auch, dass Menschen, die sich in grausamen Experimenten von Autoritätspersonen dazu verleiten ließen, andere Men-schen (vermeintlich) zu quälen, noch Jahrzehnzte danach selbst litten, weil sie gegen ihre eigentlichen Instinkte ge

handelt hatten. (Wobei noch zu erwähnen ist, dass Gehorsamsexperimente wie das von Stanley Milgram in einer Zivilisation nicht funktioniert hätten.)

Falls jetzt jemand an Rousseau dachte. Diese vermeintliche Gegenveranstaltung, auf die bis heute Unmengen wohlmeinender, aber ahnungsloser schlichter Gemüter hereinfallen, hat hier genau so wenig Platz wie der Hobbes'sche Gewaltwahn.

Rousseau beflügelt den pastoralen Heldenkitsch, und er setzt den Mythos eines „edlen Wilden" in die Welt, der in Wahrheit – zu seiner ewigen Schande – der Mythos vom dummen Wilden ist, der blödig, aber glücklich vor sich hindämmert. Die Folgen sind grausam. Man muss ‚helfen' und sie erziehen. Heldenhaft muss man „the white man's burden" auf sich nehmen, ihnen ihr Land besser wegnehmen und selbst bewirtschaften. Schließlich gehöre es niemandem, und man müsse der Entwicklung ein bisschen nachhelfen.

Den „Naturzustand" gibt es so wenig wie den „Krieg aller gegen alle". Der Mensch ist von Anfang an ein kulturelles Wesen, hat sich stets verantwortungsvoll um seine eigenen Angelegenheiten gekümmert, nicht immer friedlich, aber meistens. Tragische Helden wurden – außer auf einem winzigen Flecken Erde – nirgends gebraucht. Sie waren und sind auch keine sogenannte „anthropologische Konstante". Das sind nur Schelme, die es überall auf der Welt gibt.

Erhaben? Lächerlich!

Helden neigen dazu, aus ihrem Leben ein großes, meistens lächerliches und oft genug gewalttätiges Durcheinander zu machen, wie Ödipus zum Beispiel oder Achill. Das heroische Leben, das den Abstraktionen aus dem Reich der Fantasie dient, endet meistens tödlich oder wenigstens in Elend und Schmerz. Natürlich ist der Zugewinn an Moralität erheblich.

Es besteht die Vermutung, das der Zugewinn an Moralität und ein schickes Heldenimage auch diejenigen antreibt, die heldenhaft mit fliegenden Fahnen in die Schlacht gegen eine Übermacht ziehen, gegen die sie – mit konventinellen Mitteln – nicht gewinnen können.

Dabei bleiben sie aber dummerweise im Spiegelkabinett der Frames gefangen, verstärken sie durch pausenlose Wiederholung und machen alles nur noch schlimmer. Aber der tragische Heldenmodus befriedigt die Eitelkeit und lässt das eigene Handeln wichtig erscheinen. Es tut schließlich ungemein gut, sich selbst als Helden zu sehen, am besten entsagungsvoll, übermenschlich leidend, als Märtyrer gar oder als unterdrückter Idealist.

Die Kassandrarufe der Widerstandshelden spiegeln die Kassandrarufe der Panikverbreiter und Kriegstreiber und machen sie dadurch immer noch stärker. Ein Teufelskreis der Antagonismen, aus dem es kein Entrinnen gibt. (Was selbstredend nicht heißen soll, miese Machenschaften einfach hinzunehmen. Es geht nicht um die Frage des OB, es geht um die Frage des WIE.)

Ein tragischer Held nimmt sich selbst sehr ernst und handelt in der festen Überzeugung, sein persönliches Schicksal habe eine große Bedeutung für die Menschheit insgesamt. Er glaubt an seine überlegene Stärke und an seine eigene Bedeutung. Er suhlt sich in meta-physischer Verzweiflung und Weltschmerz. Das niedere Leben oder gar das einfache physische Überleben haben für ihn keine Bedeutung. Er will Bewunderung und zugleich Mit-leid in uns hervorrufen wegen seiner übernatürlichen An-strengung, mit der er die Elemente und das Universum he-rausfordert. Wenn alles schiefgeht, was meistens der Fall ist, hofft er, im heroischen Scheitern quasi göttlichen Status zu erringen. Was soll man sagen? Bekloppte und noch mehr Bekloppte.

Komödien und Schelme

„Die Komödie zeigt, dass Menschen widerstandfähig sind, auch wenn sie dumm, schwach oder nicht ganz so würdevoll sind. Während der tragische Held für seine Ideale leidet oder stirbt, überlebt der komische ‚Held‘ ohne sie", erklärt uns Meeker. Die Liebesleute fallen einander in die Arme, der Schalk entkommt seinen Feinden, die kleinen Leute entschlüpfen den unterdrückerischen Obrigkeiten, vermeiden auf geschickte Art Bestrafung und regeln gemeinsam mit anderen ihre eigenen Angelegenheiten – und bleiben am leben. In Aristophanes' Komödie „Lysistrata" ruft die namengebende Hauptfigur einen Sexstreik aus, um die Männer daran zu hindern, in einen närrischen fremden Krieg zu ziehen und als „Helden" zu sterben. Sie sollen zuhause bleiben und ihre Arbeit tun. Und so etwas wie „Ehre" ist im Frieden eine höchst überflüssige Zutat.

Als Schelme sind wir weit entfernt von tragischem Heroismus und sonstigen Arten von Heldentum. Der Kitsch, den sie Erhabenheit nennen, ist nicht unser Milieu. Wir bevorzugen die kleinen Tricks und fühlen uns zunehmend wohl in der Unübersichtlichkeit und dem Chaos, das die „Ordnungshüter" und Regelwütigen trotz ihrer großen Anstrengungen mehr und mehr schaffen. Als Schelme bleiben wir immer im Bereich des Menschenmöglichen und malen alle die hehren Helden-Prinzipien bunt an, und dann sehen wir weiter.
Als Schelme streben wir weder nach Perfektion noch nach Selbstverwirklichung. Wir sind heute der, morgen ein an-

derer, niemals bereit, uns auf das Eine und Eindeutige einzulassen. Wir meistern das Leben auf unsere Art. Wir moralisieren nicht, Wir lernen.

Wir frönen nicht der Philosophie der Verzweiflung, sondern fragen erst einmal, was genau los ist und wer genau dahintersteckt, wenn irgendetwas schiefläuft. In der Regel erübrigt sich das Heldentum dann von ganz allein.
Wie die Hauptfiguren der Komödie sind wir widerstandsfähig, bodenständig, echt, leben selbst (und das ausgesprochen gern).
Wir schätzen die kleinen Siege. Wir wissen, dass Schwäche eine gewöhnliche Eigenschaft von Menschen ist, mit der man zurechtkommen muss und dass Scheitern keine Katastrophe ist. Wir machen einfach weiter – ganz so, wie Samuel Beckett sein *„fail better"* (in „Worstward Ho") wirklich meinte.
In Zivilisationen, in denen Helden äußerst rar sind, verehrt man Schelme als Unruhestifter und Wohltäter, als Schwindler und Schöpfer der Welten, als Witzbolde und Kulturheroen, ja, als göttliche Schelme.

Unglücklich das Land, das Helden nötig hat.
Bertolt Brecht, Leben des Galilei

Für die schreibende Zunft: Ein Wort zur „Heldenreise"

Es war einmal ein Religionshistoriker namens Joseph Campbell. Er ließ sich von den „Archetypen" des Psychiaters C. G. Jung beeindrucken. Der seinerseits schwärmte von den „Elementargedanken" des Reisenden Adolf Bastian. Bastian vertrat vor mehr als 100 Jahren eine Ethnologie, die – von einigen wenigen Ausnahmen abgesehen – von gänzlich eurozentrischen Konzepten geprägt war. Das heißt, sie übertrug eigene kulturelle Züge und Konzepte auf andere Gesellschaften. Aus diesen unzulässigen Übertragungen wurde sodann „die Natur" „des" Menschen abgeleitet. Bis heute sind viele Theorien über alles, was anders ist als wir selbst, aus der Luft gegriffen und zerschellen beim ersten Aufprall auf die Wirklichkeit.

Plötzlich war die Welt sozusagen voller Herkulesse und Achills. In kulturwissenschaftlichen Fachkreisen hat Campbell's Behauptung von der Existenz eines universalen archetypischen Helden bestenfalls Unterhaltungswert. Großen Einfluss aber hatte sie auf George Lucas, während er die Star Wars-Trilogie entwickelte.

Was das Ganze im Filmgeschäft anrichtete, beschreibt der Regisseur Benjamin Benedict: *„Der Versuch amerikanischer Drehbuchtheoretiker, die Gesamtheit filmischer Erzählungen einem alles erklärenden dramaturgischen Konzept zu unterwerfen, ist sicherlich manchmal etwas befremdlich. Der rigide Formalismus vieler Storytelling-Konzepte kann der Komplexität und Vielfältigkeit möglicher Geschichten kaum gerecht werden."* (Benjamin Benedict: Schreiben für Film und Serie, Berlin 2014)

Für Hollywoodprodukte mit Heldenüberlast könnte man Campbells „Erkenntnisse" also mit viel gutem Willen als schwertscharfes Analyseinstrument betrachten. Ansonsten hat es einen hoch verdienten Platz in der Mottenkiste – vor allem, wenn wir uns in internationalen Kontexten bewegen, welche die Erzähltraditionen Europas und seiner Derivate verlassen.

Es ist natürlich kein Zufall, dass in all der (Marketing-)Literatur zum Thema von Heldinnen eher selten die Rede ist. Der Held – anders als bei anderen Wörtern sind hier die Konnotationen recht eindeutig – ist ein Mann, begeht ruhmreiche Taten, ob nun mit dem SUV, dem Rasierapparat oder als „Cool Dad". Er besteht in Kampf und Gefahren (wenn es sein muss, auch gegen Schuppen). In zahllosen Gewaltexzessen rettet er die Welt. „Unglücklich das Land, das Helden nötig hat", ermahnt uns Bertold Brecht in seinem Stück „Leben des Galilei". Unglücklich auch der Text, der solche Helden nötig hat.

Literatur

Joseph Meeker, The Comedy of Survival, Los Angeles 1972

Samuel Beckett, Worstward Ho, London 1983

Joe Moran, If You Should Fail. A Book of Solace, London 2020

Peter Hammerstein (Hg.), Dahlem Workshop Reports Band Nr. 90
Genetic and Cultural Evolution of Cooperation
MIT Press 2003

Stanley Milgram, Behavioal Study on Obedience,
Journal of Abnormal and Social Psychology. 67, 1963

Bertolt Brecht, Leben des Galilei, Berlin 1959

Lesen – Eine kleine annotierte Literaturliste
(„Epikur lesen" ist ein eigenes Stück.)

Lesen bildet, wie wahr, wie wahr. An dieser Stelle präsentiere ich eine kleine Auswahl an Büchern, die Euch helfen, gute Schelme zu werden. Es ist kein Zufall, dass einige dieser Titel auch an der einen oder anderen Stelle in diesem Handbuch auftauchen. Die Werke helfen zuverlässig, das schelmische Denken einzuüben. Ein bisschen Arbeit am Gemüt und an den alten Schweinehunden von Selbstverständlichkeiten ist dabei unvermeidlich. Sonst kommt man da nie raus ...

Rolf Johannsmeier, Spielmann, Schalk und Scharlatan. Die Welt als Karneval: Volkskultur im späten Mittelalter, Reinbek 1984

Eines meiner Lieblingsbücher, welches das Beste sagt, was ein Buch sagen kann: Es kann alles immer auch anders sein. Hier spricht Johannsmeier selbst über sein zeitlos schönes Buch: https://rolf-johannsmeier.com/2016/05/09/spielmann-schalk-und-scharlatan/

David Graeber und David Wengrow, The Dawn of Everything. A New History of Humanity, Toronto 2021 (dt. Anfänge. Eine neue Geschichte der Menschheit)

„The conventional narrative of human history is not only wrong, but quite needlessly dull."

Dieses Buch ist ein Fest. Wenn Ihr es lest – und das solltet Ihr wirklich unbedingt tun – ist nichts mehr, wie es vorher war. Es ist ein Abenteuer, in dessen Verlauf alles auf den Kopf gestellt wird, was Ihr über das Menschsein und seine vermeintliche „Natur" bislang als gesichert annahmt.

„'The Dawn of Everything' beginnt als scharfe Erwiderung auf schlampige Kulturanalysen und endet als Loblied auf Freiheiten, von denen die meisten von uns nie wussten, dass es sie gibt. Graeber und Wengrow kommen zu dem Schluss, dass das Wissen, dass es andere Wege zu leben gab, uns erlaubt, neu zu überdenken, was wir noch werden könnten", schreibt Annalee Newitz im November 2021 in der Washington Post.

In den aufgeklärten Teilen der Anthropologie und der Archäologie ist vieles von dem, was Graeber und Wengrow in ihrer intelligenten Analyse und Synopse zeigen, schon seit geraumer Zeit bekannt. Vom Mainstream in diesen Fächern wie auch in der Geschichtswissenschaft, der Ökomomie und vor allem der sogenannten Politikwissenschaft (alle aufgeklärten Politologen mögen mir vergeben) wurde und wird die vorliegende Evidenz aber schlicht und wenig ergreifend ignoriert. Ein Schelm, wer Böses dabei denkt. Das Buch ist mit gut 700 Seiten ein dicker Brocken – nicht zu viel für diejenigen, die noch Spaß an echten Entdeckungen, Abenteuern, Vorstößen ins Unbekannte und an der Lust am Selberdenken haben.

Paul Radin, Gott und Mensch in der primitiven Welt, Zürich 1953

Der Titel sollte nicht täuschen. Auch der – bessere – Originaltitel „Primitive Man as Philosopher" nicht. Falls nämlich beim Wort „primitiv" eine Assoziation angesprungen ist: Vergesst es. Paul Radin war einer der Ethnologen, die vor 100 Jahren mehr Weisheit produzierten als viele es heute tun, und er ließ keinen Zweifel daran, wer die Zivilisierten sind. Er war einer der wenigen, dessen Regel und Auffassung von guter Forschung war, diejenigen, deren Gast als Forschender man war, selbst reden zu lassen – und nicht hinterher über sie.
Auch Radins Arbeit über den göttlichen Schelm (Trickster) ist ein Klassiker (wobei der im Buch enthaltene Beitrag von C.G. Jung verzichtbar ist).
Paul Radin, Der göttliche Schelm, o.O. 1954

Joseph W. Meeker, The Comedy of Survival, Los Angeles, 1972

Der Untertitel „Studies in Literary Ecology" mag ein wenig verwirrend klingen. Aber Meeker, Humanökologe und Literaturwissenschaftler, zeigt geistreich und humorvoll, dass das wahre Menschenwesen – im Einklang mit der Evolution – das Schelmentum ist. So wie das „survival of the fittest" kein blutiger Kampf ist, sondern ein „muddling through", so sind die Schelme all den tragischen Helden, die ihr kurzes Leben für abstrakte Ideale opfern, zu allen Zeiten und in allen Situationen überlegen.

P.S. Meekers Verweise auf Joseph Hellers Catch 22 sind hochkomische Augenöffner. Ich kann mir im Moment kaum einen besseren Roman vorstellen, um diese Zeiten entschlossenen Zivilisationsverzichts zu beschreiben.

Joseph Heller, Catch 22, New York 1961

Und wenn Ihr schon hier seid:
Ken Kesey, Einer flog über das Kuckucksnest, Hamburg 1982
Beide Werke sind moderne Schelmenromane der Extraklasse.

William J. Hynes (Hrsg.)
Mythical Trickster Figures, Tuscaloosa und London, 1993

Eine Sammlung wunderbarer Stücke über diejenige mythische Figur, die am weitesten über die Erde verbreitet war und ist – zu allen Zeiten: den Trickster – oder Schelm. Es ist die erste profunde Befassung mit dem Thema, seit Paul Radin 1955 sein Werk zum göttlichen Schelm vorlegte.

Wir bekommen es mit Schelmen aus aller Welt zu tun. Und auch für dieses Buch gilt. Manche Dinge, nein, die meisten Dinge des Lebens sind anders, als wir es in der Schule gelernt haben.

Edward T. Hall, The Dance of Life. The Other Dimension of Time, New York, 1983

Ihr habt bestimmt immer gedacht, Zeit sei etwas Absolutes, Messbares, Zählbares … etwas, was man verschwenden, stehlen oder nicht haben kann. Nun ja. Zeit ist nicht annähernd das, wofür Ihr es haltet. Ganz im Gegenteil – oder wie Edward T. Hall selbst sagt:

„Es gibt Dinge, die man nicht in simple lineare Beschrei-bungen zwingen kann. Zeit gehört dazu." Es gibt so viele Arten von Zeit wie Menschen auf der Erde leben. Die „westliche" Missionierung mit ihren „Zeit ist Geld"-Effizienzdelirien hat daran nur oberflächlich etwas geändert.

Michael Meyen, Die Propaganda Matrix, München 2021

So, und nun auch ein Spiegel-Bestseller (der dem Spiegel in seinem heutigen Zustand allerdings Schmerzen bereiten dürfte).

Das Buch ist eine wohltuende Breitseite gegen das Märchen von den „Leitmedien", die angeblich nichts anderes wollen, als uns zu informieren. Das Gegenteil ist der Fall. Meyens Buch ist echte Aufklärung und ein überfälliges Plädoyer für einen ganz neuen Journalismus. Schelme warten auch schon lange auf Auswege aus der Entweder-Oder-Falle, in die gewisse Medien das Leben gern bannen wollen (am Ende natürlich ohne Erfolg).

Bruno Latour, Wir sind nie modern gewesen, Frankfurt a.M. 2008

Der französische Soziologe enthüllt uns mit manchmal leisem Humor, dass unsere Illusionen über die Moderne und über uns als moderne Menschen nichts weiter als Rauchschirme und Nebelkerzen sind, die einer genauen Prüfung nicht standhalten. Die Selbstzuschreibung der „aufgeklärten" Welt brauchte und braucht starke Gegenbilder und erklärt alle anderen auf der Welt zu besinnungslosen Deppen (eine Haltung, die zunehmend auch gegenüber Gruppen in der eigenen Gesellschaft eingenommen wird) – was auch die Rechtfertigungen für Völkermord und Totschlag, Raub und Unterdrückung seitens der „aufgeklärten" Nationen leichter machte. Die „schlampigen Kulturanalysen" (s.o. Neewitz zu Graeber und Wengrow) tun ein Übriges. Latour bietet keine leichte Kost, aber die Expedition lohnt sich unbedingt. „Nie modern ..." und „The Dawn of Everything" von Graeber und Wengrow zusammen werden zu einem atemberaubenden Abenteuer, nach dem man sich wie geistig frisch gewaschen fühlt.

Joe Moran, If You Should Fail. A Book of Solace, London 2021

Eines der schönsten Bücher überhaupt. Ein Buch für Menschen, die man zwingen will zu verzweifeln, wenn sie den obszönen Anforderungen heutigen „Business"-Lebens nicht

gerecht werden können, denen die pathologische Lebens-
feindlichkeit dieses Systems als eigenes Versagen vorgehalten
wird, damit man die wirklich Schuldigen nicht zur Rechen-
schaft ziehen kann. Es sind Figuren, die das ganze Leben zum
Wettbewerb machen und einen sinnlosen Preis nach dem anderen verleihen, um die Menschen im Hamsterrad zu halten,
nicht, dass sie sich am Ende noch aus eigenem Entschluss mit
etwas Sinnvollem beschäftigen.

*„This is meritocracy's fatal flaw: not that it sets up people to fail but
that it defines so meanly what success means. In focusing on quasi-
objective targets we have already set, it ignores the human potential
we can't yet measure. It asks people to play a game they did not ask to
play, with the rules set by someone else, for a prize they may not
want."*

César Rendueles, Kanaillenkapitalismus, Berlin 2018

Der spanische Soziologe César Rendueles decouvriert den
groben Unfug der Ökonomen auf ebenso scharfsinnige wie
unterhaltsame Weise und zeigt, dass Marktgeschehen in der
Geschichte aller Kulturen immer nur eine „Randerscheinung
mit einer beschränkten Bedeutung" war. Die heutige Form
des Wirtschaftens beginnt Anfang der 70er-Jahre in Chile.
Rendueles schildert die Folgen des im wahrsten Sinne mör-
derischen Experiments mit „freien Marktkräften", das un-
beschreibliches Elend über Millionen von Menschen brachte
und fährt fort: „Der freie Markt ist keineswegs der spontane
Ausdruck eines in der menschlichen Natur begründeten

Unternehmergeistes. Bis zur Moderne war keine Zivilisation so dumm, ihr materielles Überleben dem kommerziellen Glücksspiel anzuvertrauen."

James C. Scott, Domination and the Arts of Resistance: Hidden Transcripts, Yale University Press 1990

James C. Scott erzählt (unter anderem) eine Geschichte armer Leute und wie sie sich jenseits und außerhalb „offizieller" Rede- und Verhaltensweisen in einem Umfeld herumschlagen, das nicht zu ihren Gunsten ausgelegt ist. Da ihnen Mittel und Möglichkeiten fehlen, in den offenen Widerstand gegen Ungerechtigkeit und Unterdrückung zu ziehen, entwickeln sie Methoden pfiffiger Subversion, die für die jeweiligen Obrigkeiten weder erkennbar noch durchschaubar sind. Diese Methoden nennt Scott *hidden transcripts*".
Insgesamt ist es eine unglaublich spannende Studie über Hegemonie, Unterwerfung und Widerstand.

Matthias Bauer, Der Schelmenroman, Stuttgart 1994 
Und nun etwas für die Liebhaber der Literaturwissenschaft. Bauers Buch ist zwar hier und da etwas sperrig geschrieben (er betrachtet die Schelme halt von außen), aber es ist eine wunderbare Übersicht über die Entstehung und die Entwicklung des europäischen Schelmenromans. Alle üblichen Verdächtigen sind anwesend ... und wir lernen, dass die Schelme auch in ziemlich neuen Büchern ihr Wesen treiben.

Widerstand

Diese kleine Zusammenstellung ist eine gekürzte Version aus einem Bericht zur Schelmenpolitik. Der Bericht entstand anlässlich eines Kolloquiums. Die ausführliche Fassung ist in der „Schelmenrepublik" veröffentlicht.

Sonnenkönige und Möchtegern-Weltenlenker

Ich befehle der Sonne, sie möge aufgehen. Ich drehe die Welt mit meiner Kurbel, denn ich habe das Sagen. Angst vor mächtigen Herrschern? Nicht nötig. Was die Reichen und Mächtigen behaupten und an Absichten äußern und was sie wirklich tun können, sind zwei verschiedene Dinge. In Kulturen, in denen Machteliten ohnehin keine große Rolle spielen, ist das alles kein Problem. In Kulturen mit traditionellem Misstrauen gegenüber den „Regierenden" auch nicht. Dort blühen Subversion und Informeller Sektor. Allerdings funktioniert es gut in obrigkeitshörigen Kulturen mit ausgeprägtem Untertanengeist.

Machteliten neigen seit jeher dazu, ihre Machtfülle zu übertreiben, weil sie im Innersten ahnen, dass sie nichts über Menschen und die selbstorganisierenden Systeme wissen, die Gesellschaften eigentlich sind. Tatsächlich ist alles nur Theater und die meisten Kaiser sind nackt. Und sie haben Angst.

Verlasst das Spiegelkabinett ...

... und bildet keine sekundären Religionen. Dieser Punkt hängt mit dem vorigen unmittelbar zusammen. Sich ausschließlich an den Behauptungen der Sonnenkönige und Möchtegern-Weltenkenker abzuarbeiten, ist ein niederzwingender Fehler, einer, der den Blick auf die Wirklichkeit verschleiert. Denjenigen, die ihn laufend machen, soll er Ruhm und Ehre einbringen. Sollten wir nicht lieber den Blick auf konkrete Dinge und reale Verhältnisse werfen, anstatt wie tragische Helden mit fliegenden Fahnen in die Schlacht zu ziehen, weil irgendwer irgendwas behauptet?

Hütet Euch vor heroischem Widerstand
(und Salonsozialisten)

Spiegelkabinett und Möchtegern-Heldentum im Widerstand gehören zusammen. Doch das Prinzip „Viel Feind, viel Ehr" wird schnell zur Don Quixoterie. *„Revolutionäre, die einen König stürzen wollen, machen häufig den bedauerlichen Fehler, dass sie laut und deutlich schreien: ‚Nieder mit dem König!'"* Und weiter:

„Das ist natürlich kostenlose Propaganda für den König, der sich bei seinen Gegnern eigentlich bedanken sollte: ,Danke, dass ihr mich so oft erwähnt habt und dass ihr nicht aufhört, meinen Namen zu rufen!' Wenn ich eine Person, eine Idee oder ein Ideal laut und deutlich negiere, ist die endgültige Trennung noch nicht geglückt. Das verneinte Phänomen kommt wieder vor und wird ex negativo erneut ins Zentrum der Aufmerksamkeit gerückt."

(Heinz von Foerster und Bernhard Pörksen, Wahrheit ist die Erfindung eines Lügners. Gespräche für Skeptiker, Heidelberg 1998)

Salonsozialisten und Life-Style-Linke ziehen gern in falsche Schlachten, sehr zum Vergnügen der Obrigkeit. Denn damit lenken sie von den wirklichen Schauplätzen ab. Stets behaupten sie, für andere einzustehen und verraten sie doch immer. Gratismut ist kein Mut und Fernstenliebe ist keine tätige Sorge.

Intelligenter Widerstand macht keine Schlagzeilen

Der große Informelle Sektor der kleinen Tricks ist seit jeher der ewige Jungbrunnen jeglichen Widerstands. Totalitären Herrschern ist schon der normale Alltag der Menschen ein Dorn im Auge, weil sie finden, er unterminiere ihre Herrschaft. Dahinter steckt die Angst, dass sie den eigentlichen Widerstand nicht erkennen. Mit dem Widerstand der „Helden", die gegen sie in die Schlacht ziehen, kommen sie gut zurecht. Aber nicht mit dem, was sie nicht sehen können. *„Die alltäglichen kleinen Akte des Widerstands machen keine Schlagzeilen"*, erklärt uns Widerstandsexperte James C. Scott.

Verzögerung, Verstellung, vorgetäuschte Willfährigkeit, kleine Diebstähle, geheuchelte Unwissenheit – oder gelegentlich bei Zahlungen an die Obrigkeit immer ein paar Cent zu viel bezahlen und zurückfordern, bevor sie es selber merken. So etwas hat schon ganze Bürokratien lahmgelegt.

Grämt Euch nicht ...

... wenn sie Euch beleidigen, verleumden und diffamieren. Tätet Ihr das, wäre das nichts anderes, als sich mit dem Pöbel in der Gosse zu prügeln. Und vergesst nicht: Sie tun es, weil sie große Angst haben.

Und liebe Freunde, wenn sie Euch nerven, nicht gleich ausrasten. Kennt Ihr die „Dirty Dozens"? Das ist ein Selbstkontroll-Training für junge Schwarze im großen Micky Maus Empire. Die Jungs und ihre Familien werden zur Übung schwer beleidigt, aber sie dürfen keine Miene verziehen. Im Training können sie einen Wettbewerb verlieren, auf der Straße aber das Leben. In einer Welt voller Gewalt sind die Dirty Dozens Überlebenstraining – solange, bis die *hidden transcripts* (s. James C. Scott in „Lesen") fertig sind.

Chamäleonitisch – Subversive Formen der Verständigung

Gesellschaft, meine lieben Freunde, ist etwas sehr Kompliziertes mit vielen Gesichtern, die man nicht alle sehen kann. Niemand sollte den Fehler machen, das Gesicht, das sich gerade zeigt, für das einzig Wahre zu halten. Das ist wie bei den

Schelmen. Sie widersprechen sich, sagen jetzt das eine, kurz später das Gegenteil davon. Wie wäre das als Strategie des Widerstands?

Bösartige Politik tut das seit jeher mit der Absicht zu schaden. Sie verwirrt Leute, verschiebt willkürlich die roten Linien, so dass man nie weiß, woran man ist. Was heute Recht ist, ist morgen illegal. Plötzlich hat ein einziges Wort schreckliche Konsequenzen und Du bist ein Staatsfeind. Und dann: Entlassung, Diffamierung, sozialer Tod ... bestrafe einen, erziehe Hundert, war Maos Devise in der Kulturrevolution.

Chamäleonitisch ist eine der Geheimsprachen der Schelme. Sie tut so, als spräche sie, wie die Obrigkeit spricht. Aber die Obrigkeit weiß nicht, woran sie wirklich ist. Chamäleonitisch gibt es in tausenden Varianten, manchmal als ganz und gar verborgene Sprache mit eigenem Vokabular und manchmal sogar eigener Grammatik. Es gibt zahllose Bücher über Geheimschriften und Codes. Setzt Euch einmal zusammen und denkt darüber nach. Sprachen zu erfinden, ist eine großartige Sache. Was Banker und Wissenschaftler können, können wir schon lange.

Ach ja, wer (berechtigte) Angst vor elektronischer Überwachung hat: Schreibt Postkarten und Briefe – ohnehin eine schöne und zu Unrecht vernachlässigte Kunst.

Fake News und Lügengeschichten

Es gehört überall zur ganz normalen Regierungspraxis, Dinge so darzustellen, dass sie im Interesse der Obrigkeit daherkommen. Dabei müssen sie nicht lügen, um nicht die Wahrheit zu sagen. Auslassungen, zum Beispiel mitten in Zitaten, oder die Unterschlagung wichtiger Informationen, die eine Nachricht erst erklären würden, sind beliebte Methoden.

Es soll hier nicht erörtert werden, ob die Schelme von der Obrigkeit lernen oder die Obrigkeit von den Schelmen. Lügengeschichten zu schreiben, ist gar nicht so schwer, wenn man den Dreh einmal raushat. (An anderer Stelle des Handbuches gibt es eine Anleitung dazu.)

Hier nur soviel: Als Mittel der Subversion ist übertriebene Zustimmung zu absurden Positionen ein probates Mittel, oder auch eine Behauptung, die wahr sein könnte. (z.B.: Die staatliche Agentur für Sprunginnovationen hat einen neuen Sonderforschungsbereich „Trampolinforschung" eingerichtet.) Gegen den ideologischen Guerillakrieg von oben helfen außerdem Gerüchte, Klatsch, linguistische Tricks (wie bereits erwähnt) und die fundierte Kenntnis der Wirkung von Sprache, besonders von Metaphern. Erinnert Ihr Euch an Eulenspiegel, der seine Späße mit Magistraten, Gelehrten und Pfaffen machte, indem er ihr Geschwätz wörtlich nahm?

Persönlichkeitsanmaßung oder die erfolgreiche Verstellung

Sich als jemand anderen auszugeben und geschickte Persönlichkeitsanmaßung zu betreiben, gehört zum Basishandwerk der Schelme wie auch des intelligenten Widerstands. Tatsächlich reichen für das erfolgreiche Täuschungsmanöver oft schon ein Anzug oder Kostüm und eine bestimmte Ausdrucksweise, die sich der Floskeln des Business- und Polit- oder Gelehrtensprechs bedient.

Wenden wir uns aber noch kurz der Art der Verkleidung zu. Verkleiden wir die Botschaft? Oder verkleiden wir den Überbringer? Oder beide? Aus der eigenen Haut herauszuspringen, ist gar nicht so schwer, wenn man ein wenig übt. (Auch hierzu gibt es bereits eine Anleitung.) Hat man ein bisschen geübt, bewegt man sich geschmeidig wie ein Undercover-Agent im obrigkeitlichen Lager oder im Lager der Gehilfen der Obrigkeit. Wir kennen alle die Undercover-Agenten, die sich ins Vertrauen des Mafiabosses oder des Konzernchefs (gern auch in Personalunion) schleichen, um Geheimnisse auszuforschen ... In jedem Falle muss jeder Undercover-Schelm die Sprache seiner ‚Opfer' sprechen, um sie täuschen zu können. Es macht übrigens einen Heidenspaß.

Sich dumm stellen und absichtsvolles Missverstehen

Man kann vorgeben, von einem Geist besessen zu sein. Aber Irrsinn vorzutäuschen, kann gefährlich sein, denn in gefährlichen Welten wird man schnell eingesperrt, es sei denn, man gehört zur Obrigkeit. Man kann aber auch vorgeben, strunzdumm zu sein. Sich unterschätzen zu lassen, gehört ebenfalls zum Basishandwerks der Schelme. Sich dumm zu stellen, ist auch eine gute Methode, sein Gegenüber total kirre zu machen – zum Beispiel in einer Behörde oder bei der Obrigkeit.

Absichtsvolles Missverstehen geht in eine ähnliche Richtung. Erklärt uns die Obrigkeit nicht ständig, sie täte alles, was sie tut, nur für uns?

Das sollten wir wörtlich nehmen. So wie Eulenspiegel es tut. Einmal taten es Bauern, indem sie das Gerücht in die Welt gesetzt hatten, der König wünsche, dass alle Menschen gleich seien. Es solle keine Bischöfe geben, keine Grafen, keine Ränge. Dann besetzten sie Ländereien und erklärten, sie folgten nur dem Befehl des Königs.

Auf einer Insel, die einer Sklavenhalterregierung „gehörte", setzten Sklaven ein Gerücht in die Welt, der König habe ihnen drei freie Tage die Woche zugesichert und die Peitsche abgeschafft, allein die Herren weigerten sich, das umzusetzen. Wo immer das Gerücht vorbeikam, nahm man es für bare Münze. Die Folge war zunehmende Insubordination und Widerstand, was bald darauf in der Unabhängigkeit der kolonisierten Insel gipfelte. (Haiti)

Klatsch und Tratsch

Klatsch und Tratsch – modern auch: Diffamierung – kann ein Killer sein, der von oben nach unten ohne Skrupel eingesetzt wird. Aber das funktioniert auch umgekehrt. Denkt darüber nach, ob ihr Gewissenlosigkeit und Schadensabsichten wirklich mit – nutzloser – frommer Moral begegnen wollt.

Außerdem: Klatsch und Tratsch sind schwer zu verfolgen, haben eigentlich keinen Urheber. Darauf kann man sich immer herausreden. Das heißt, die Methode ist relativ sicher. Ein Tipp für alle, die ein Gerücht – einen engen Verwandten des Klatsches – in die Welt setzen wollen: Gestaltet es nahe an der Wahrscheinlichkeit entlang (s.o. Lügengeschichten) Macht es interessant, erzählt eine gute Geschichte, sonst wird es nicht weitererzählt. Klatsch ist selbstverständlich soziale Aggression, keine Frage. Deshalb sollte er präzise platziert und vorsichtig dosiert werden.

Lasst Euch nicht entzweien

Möchtegern-Weltenlenker mit totalitärem Appetit wollen nicht einfach die Umgebung ändern. Vielmehr wollen sie den Menschen an sich umformen und im Zuge dessen alle Sinnzusammenhänge normaler Art zerstören.

Aber wir wissen aus der Geschichte, dass Menschen sich den Prozessen, totalitäre Bedingungen herzustellen, andauernd entgegengestellen und fast überall derlei Versuche im Keim erstickt haben. Kein Mensch, der nicht vollkommen deformiert ist, will in der nihilistischen Sinnlosigkeit einer totalitären Gesellschaft leben, in der die absurdesten Handlungen und Institutionen nur noch im Rahmen einer grotesken Ideologie Sinn machen. (Hannah Arendt)

Totalitäre Systeme beziehen ihre Kraft vor allem aus der Zerstörung bestehender Sozialbeziehungen, sei es durch Gewalt, sei es durch radikale Ausgrenzung. Die Spaltung der Gesellschaft in Zugehörige und Ausgeschlossene ist dabei Kern der Methode, wie es auch in Sekten und Kulten üblich ist.

Sie bauen ihre Macht auf die Zerstörung autonomer, unkontrollierter Beziehungen zwischen den Menschen und auf die Destruktion eigensinniger Sozialverhältnisse. Man zerstört den bestehenden sozialen Zusammenhang, setzt die Teile anders wieder zusammen, verwandelt das soziale Beziehungsgefüge – indem man es durch „Verhaltensmanagement" ersetzt – und nie vergisst zu erwähnen, dass all dies nur zu Eurem Besten sei.

Lasst Euch nicht entzweien.

Schelmi Business

(Hierzu gibt es in diesem Handbuch ein eigenes Stück mit demselben Titel. Dies ist eine stark gekürzte Zusammenfassung.)

In gewisser Weise – auch in geschäftlichen Dingen – profitieren Schelme ja stets von dem, was man Staatsversagen oder Versagen der Institutionen nennt. Das tritt regelmäßig ein, wenn mit staatlicher Hilfe die Heuschrecken einfallen, wenn Milliarden Überstunden unbezahlt bleiben, wenn der Staat selbst einen Niedriglohnsektor schafft und dazu zahllose prekäre Arbeitsverhältnisse ... Nein, anders ... Überall da, wo der Staat und seine Institutionen versagen, wo er den Heuschrecken das Land zum Fraße vorwirft und ihnen dabei hilft, besagten Staat bzw. dessen gebeutelte Steuerzahler zu betrügen, wo der Gesellschaftsvertrag aufgekündigt wird, wo die wahren Staatsfeinde in der Regierung sind, entsteht ein schöner großer bunter Informeller Sektor. Böse Zungen nennen so etwas „Schattenwirtschaft", unter anderem, weil der Informelle Sektor die statistische Erfassung vermeidet. Nur kein Neid.

Selbstversorgung in Gärten, auch in gemeinschaftlichen, ist

schon lange ein Thema. (Die Literatur ist zahlreich und leicht zu finden, vgl. auch „Gartenbau und Subversion".)

Füreinander zu arbeiten oder Waren zu tauschen, ohne dass Geld fließt, nennt man Tauschgeschäft oder Barter. Täuscht Euch nicht und glaubt, das seien nur kleine Mücken. Wir reden von dreistelligen Milliardensummen, die hier bewegt werden. Selbstredend ist im Informellen Sektor alles billiger.

Zur Beachtung: Staatlich geduldete und unterstützte Heuschrecken nutzen häufig Regelungslücken, um uns alle zu betrügen und um sich zu bereichern. Das meinen wir nicht, wenn wir davon sprechen, Regelungslücken fantasievoll zu nutzen.

Subsistenzwirtschaft mit Eigenanbau und Tausch von Produkten und Dienstleistungen kann in Krisenzeiten ein Lebensretter sein, wobei die Bildung eines Informellen Sektors ohnehin zu jeder Zeit erstrebenswert ist.

Bildet Netzwerke und Interessengemeinschaften. Das ist heute wirklich leicht. Das online zu tun, ist aber nur der Anfang. Der Mensch ist ein analoges Wesen. Die Bildung informeller Netzwerke, auch fürs Geschäft, blüht. Crowdfunding unter Gleichgesinnten ist eine prima Alternative zu anderen Arten der Finanzierung. Helft Euch gegenseitig. Meidet die of-fiziellen Systeme, wo immer es geht – in informellen Ban-kensysteme wird zum Beispiel von privater Hand Geld verliehen.

Und bei alledem: Überlegt einmal genau, was Ihr wirklich braucht. Die bekanntermaßen sehr beschränkten Ökonomen geraten seit jeher in Schnappatmung, wenn sie erleben, dass Menschen nur so viel arbeiten, wie sie gerade zum Leben brauchen – anders als die armen Tropfe im grotesken Suchtsystem des Firlefanz-Kapitalismus.

Failing States und Failing Citys gehören inzwischen zum Normalzustand in den „reifen Demokratien". Chaoskompetente Schelme können selbstredend damit umgehen. Also macht Euch keine Sorgen, wenn es einmal unübersichtlich wird. Noch einmal: Helft Euch gegenseitig.

Lernen von denen, die es besser machen

Schelme und Ehrenschelme reden gelegentlich davon, eine neue Kultur zu schaffen. Nun, so neu muss sie nicht sein. Tatsächlich waren die klugen politischen Institutionen und Regelwerke, die Menschen davor bewahren, in den Abgrund gestoßen zu werden, alle schon vorhanden. Eine gewalttätige Kultur hat nach Kräften versucht, all das zu vernichten – und hat unendlich viel vernichtet –, aber die Möchtegern-Weltenlenker und ihre Kumpane und Helfer wissen glücklicherweise nicht, was Menschen sind und wie sie wirklich ticken. Sie betrachten immer nur ihre willigen Vollstrecker, die Selbstgerechten, die Wertebesitzer und moralisch Hochbegabten, arme sterile Tropfe in einer sterilen Welt. Und ihre Wissenschaften können die Menschen nicht sehen, sondern immer nur ihre Schatten.

Im Reisebericht der Schelmenrepublik (siehe Hinweis am Schluss des Handbuchs) gibt es viele Beispiele, wie

Zivilisationen sich ihr Leben einrichten. Lernen wir von ihnen. Stärken wir unsere Vorstellungskraft, was alles möglich sein könnte. Verlassen wir das Spiegelkabinett, hören wir auf, einfach nur die Rollen zu tauschen und zu denken, das sei Widerstand. Gehen wir einfach weg. Schaffen wir eine neue Kultur – in der Schelmenrepublik.

Schreiben und Gegenschreiben

(Die „Gesellschaft der schreibenden Außenseiter" hat weiter oben einen eigenen Eintrag.)

Eigene Lügengeschichten zu schreiben, ist eine prima Alternative zu den Lügengeschichten, die andere schreiben. Es öffnet den Geist und ermöglicht einen lehrreichen Blick auf das Handwerk übelwollender Manipulation. Die Obrigkeiten beschäftigen Heerscharen von Leuten, die unser aller Sprache missbrauchen, um ihre Interessen durchzusetzen.
„Hunger kostet wenig, Ärger eine Menge." – „Armut ist gut für alle Dinge." – „Zuviel Gerechtigkeit ist Ungerechtigkeit." – „Jeder soll sich nach seinem Rang betragen." – „Frieren für die Freiheit" – „Waffen für den Frieden" ...

Drehen wir den Spieß um. Schreiben wir Lügengeschichten (Anleitung weiter vorn im Handbuch). Nutzen wir die Kraft der Metaphern, machen wir uns vertraut mit den Geheimnissen der Sprache, nutzen wir ihre kostbare Macht für uns selbst, werden wir sprachmächtig und machen wir uns einen Spaß Wie wäre es mit ein wenig „Verhaltensmanagement"?

Manipulation qua Sprache können sprachbegabte Schelme schon lange. Alle anderen können es lernen. In der Schelmenakademie gibt es eine Menge guten Stoff auch dazu, wie wir mit Sprache diejenigen manipulieren, die uns übelwollen. Noch einmal: Drehen wir den Spieß einfach um!

Abgesehen davon: Schreiben ist gut fürs Gemüt. Es macht klug und verbessert die Laune. Und wir brauchen es für die Verständigung.

Übrigens: Gedrucktes kann nicht so leicht gelöscht und zensiert werden wie digital Übermitteltes. Es wird auch wieder modern, Postkarten und Briefe zu schreiben (s.o). Und wenn's um etwas Wichtiges geht, macht es wie die Spione im Kalten Krieg. Versteckt die wichtigen Informationen auf einem Mikrofilm unter der Briefmarke. Von Spionen lernen, heißt siegen lernen.

Erinnerung ans Schelmenwesen

In der Widerstandsliste darf eine kleine Erinnerung ans Schelmen- und Tricksterwesen nicht fehlen.

Manchmal sind die Schelme und Trickster laut, manchmal leise. Sie sind die A-Moralischen, die die moralisch Hochbegabten und Wertebesitzer erschüttern, und sie sind nicht politisch korrekt. Sie verletzen Tabus, sie nehmen keinerlei Rücksicht, am wenigsten auf Befindlichkeiten hysterischer Sensibelchen. Denen erklären die Schelme (wenn sie's gut meinen), dass man das Gemüt trainieren muss wie Muskeln.

Dazu kann die Begegnung mit einem Schelm heilsam sein. Schelme sitzen zwischen allen Stühlen, verkleiden und verstellen sich, schreiben massenhaft satirische Briefe an Abgeordnete voll übertriebenen Lobs, guter Vorschläge und anderer Nettigkeiten, die so schön formuliert sind, dass sie es erst gar nicht merken.

Mein Cousin ist Bauer, hat Erfahrung mit hybriden Systemen und weiß, wie man einen Geparden mit einem Leoparden und einem Fuchs kreuzt (Dann ist auch der Hühnerstall sicher). Schelme sind albern, vor allem angesichts der im Wesentlichen unernsten Politik, der beliebig gewordenen Wissenschaft und der wesentlich kriminellen Wirtschaft der Heuschrecken.

Schelme vergessen nicht, dass in der gefälschten Welt sogar die Ideologien nur Behauptungen sind. Tatsächlich herrscht hier nichts als Nihilismus. Oder wie der Weltenlenker es ausdrückt: Das Nichts nichtet.

Bildet Wissensnetzwerke

Das Land Abstrahien mit seinen Akademien und Universitäten gehört nicht zu den lebensdienlichen Schöpfungen dieser Kultur. Seine Stätten der „Gelehrsamkeit" waren nie dazu gedacht, Wissen unter die Menschen zu bringen und das lebensdienliche Wissen der Menschen zu respektieren. Sie sind und waren zu allen Zeiten – die üblichen Verdächtigen unter den ehrenwerten Ausnahmen mögen mir verzeihen – Gegenveranstaltungen zur Wirklichkeit.

Gründen wir lieber eine Allmende nützlichen Wissens und entwickeln unsere eigenen Lehrveranstaltungen. Gründen wir unsere eigenen Lehrwerkstätten und machen wir uns gegenseitig schlau und geschickt. Denken mit Leib und Seele kostet nichts. Heben wir die Trennung Theorie und Praxis auf und schicken wir den verklemmten Leib-Seele-Dualismus nach Utopia Platonica, wo er zusammen mit dem Borgosophen und seinen Jüngern darauf warten kann, dass der Strom wieder läuft. Und einmal im Jahr veranstalten wir eine Konferenz der „Society for the Confusion of Useful Knowledge" (Englisch muss sein ...) in Kooperation mit der Deutlichen Forschungsgemeinheit und der nationalen Agentur für Trampolinforschung.

Spielt!

Spielen kann eine ernste Sache sein. Wer genau hinschauen kann, entdeckt die tiefe Ernsthaftigkeit und Hingabe eines Kindes beim Spiel. Es zeigt den Menschen in seinem Eigentlichen. Vorausgesetzt, das Spiel kommt ohne „Helden" daher und wird auch nicht in einen Wettbewerb deformiert oder gar in ein martialisches Spektakel verwandelt. In Zivilisationen werden im Spiel – wie bisweilen im Ritual – soziale und politische Formen ausprobiert und spielerisch durchgenommen. In Theater und Rollenspiel werden Beziehungen auf die Probe gestellt, Hierarchien nach ihrer Funktion abgeklopft, Regeln auf Tauglichkeit gestestet und Tabus gebrochen.

Wenn Euch das an die Geschichten der Schelme und Trickster erinnert, habt Ihr völlig recht.

Nur in einer dunklen, kalten Welt unterteilt man das Leben in „ernsthafte" Arbeit und vermeintlich sinnloses Spiel, das im Leben eines Erwachsenen nichts zu tun habe.

Dennoch gibt es Spiele für Erwachsene mehr als man zählen kann. Die meisten davon sind heldentriefende Gewaltorigien.

Falls Ihr, liebe Freunde, dem hier in Andeutungen Skizzierten kluge Hinweise und Ideen hinzuzufügen habt, freue ich mich über Eure Nachricht!

Epilog

Ich hoffe, Ihr habt Euch ein wenig an meinen bescheidenen Vorschlägen erfreut. Vielleicht habt Ihr auch die eine oder andere Anregung gefunden, das eine oder andere zu überdenken und vielleicht sogar einen neuen Weg einzuschlagen.

Die Anregungen stammen aus vielen verschiedenen Quellen. Etliche haben ihre Grundlage in den Weisheiten, dem politischen und sozialen Können und dem reichen kulturellen Schatz von Kulturen überall auf der Welt, die es besser machen als diejenige, die Ihr nun als Schelme verlassen werdet.

Anderes entstammt den Erkenntnissen kluger Menschen, die stets die Konventionen ihrer Gesellschaft und ihrer akademischen Fächer gegen den Strich gebürstet haben.

Vieles ist Lebenserfahrung, eigene und die der Freunde und Mitstreiter, vertreutes Wissen auch, zu finden in den Nischen, in die offizielle „kluge Köpfe" und akademische Mechaniker niemals schauen. Deshalb wissen sie auch nicht, wo das eigentliche Leben sich abspielt.

Als Schelme wissen wir das sehr gut. Wir feiern das wirkliche Leben jenseits der Verfügungen aller möglichen „Agenturen für Eindeutigkeit", und jenseits der Erziehungsversuche unreifer Möchtegern-Weltenlenker. Wir weisen ihre blutleeren Philosophien und ihre Effizienzdelierien zurück. Wir sind notorisch ungehorsam und guten Mutes.

Und wir reiben jedem das kleine Kompendium für Trost und Widerstand unter die Nase.

Seid ungehorsam.

Schreibt Lügengeschichten.

Seid fröhlich. **Seid unbequem.**
Lacht. Seid albern.

Lest Epikur.

Hütet Euch vor Helden.

Geht spazieren.
Seid subversiv.
Misstraut allen
Utopien.

Erlernt den kultivierten Müßiggang.
Bildet Rhizome.
Setzt Euch zwischen alle Stühle.

Seid Schelme.

Schätze aus der Schelmenrepublik

Die Schelmenrepublik – Das Buch
Ein Kompendium für Trost und Widerstand

Das „große" Kompendium ist ein Reisebericht. Er erzählt von einer Tour durch eine gefälschte Welt, in der Möchtegern-Weltenlenker, Borgosophen, Firlefanz-Könige, tragische Helden und abstrahische Akademiedirektoren herrschen. Alle an der Schwelle zum Wahnsinn, alle kurz vor dem Scheitern. Die Reisegesellschaft besteht aus Schelmen und Ehrenschelmen, die das Erlebte während der Fahrt in ihrem fantastischen Zug kommentieren und dabei überraschende Kenntnisse zutage fördern. Es soll auch nicht unerwähnt bleiben, dass die Reisenden unterwegs zahlreiche Menschen aus tiefer Bitterkeit befreien, vor Unterdrückung und Verfolgung retten und mitnehmen in die Schelmenrepublik.

In Arbeit
Die Schelmenrepublik – Das Communitybuch

Ihr glaubt ja gar nicht, wieviele Schelme und schelmfähige Menschen es unter Euch gibt. Wir haben einige von ihnen zusammengerufen und gebeten, uns einige Fragen zu beantworten. Dabei haben wir einen unglaublichen Schatz gehoben. Es sind Weisheiten und kluge Einlassungen der besonderen Art, Vorschläge für alternative Lebensformen und

Verknüpfungen, subversives Potential ohne Ende, fröhliche Anarchie und vieles andere Lebensdienliche mehr.

Alle Beiträge durchzieht der Wünsch nach Veränderung, der Wunsch, das hergebrachte Denken und Handeln, das uns in die Bredouille brachte und zahllose Menschenleben kostet, hinter sich zu lassen und noch einmal neu anzufangen. Der Wunsch auch, das Leben zu bejahen und in vollen Zügen zu genießen (wozu man nicht reich sein muss), anstatt in einer zunehmend nekrophilen *virtual reality* nur noch Schatten an die Wand einer Höhle zu werfen.

Demnächst

Reihe Handwerk für Schelme
Bücher und Workshops

Spazieren und Flanieren
Die elegante Kunst für Schelme und andere Müßiggänger

Figuren erfinden
Verkleidung, Verstellung und Persönlichkeitsanmaßung

Fake News schreiben leicht gemacht
Lügengeschichten, Framing, Manipulation

Die Antikarrierebibel
Lebenskunst für Schelme und die andere Ökonomie

(Das reicht wohl für den Anfang.)

------

Impressum

Martha Carli
c/o AutorenServices.de
Birkenallee 24
36037 Fulda

Herstellung und Verlag: BoD – Books on Demand,
Norderstedt
ISBN: 9783756221271